AI와 사전

인공지능총서

인공지능 시대입니다. 기계가 인간의 인지를 대신하고, 사물이 인간을 통하지 않고 다른 사물과 직접 커뮤니케이션합니다. 이에 따른 인간 삶과 문명 변화를 정확히 이해·예측·대응하는 것은 이 시대 우리 모두의 과제입니다. 인공지능총서는 인공지능 기술과 환경의 여러 주제를 10가지 키워드로 정리합니다. 관련 개념과 이론, 학계와 산업계의 쟁점, 우리 일상의 변화를 다룹니다. 인간과 기술의 현재, 미래를 세심히 분석합니다.

일러두기

- 인명, 작품명, 저서명, 개념어 등은 한글과 함께 괄호 안에 해당 국가의 원어를 병기했습니다.
- 외래어 표기는 현행 어문규정의 외래어표기법을 따랐습니다.

처음이세요?

전문가세요?

AI와 사전

장경식

대한민국, 서울, 커뮤니케이션북스, 2025

AI와 사전

지은이 장경식
펴낸이 박영률

초판 1쇄 펴낸날 2025년 9월 3일

커뮤니케이션북스(주)
출판 등록 2007년 8월 17일 제313-2007-000166호
02880 서울시 성북구 성북로 5-11
전화(02) 7474 001, 팩스(02) 736 5047
commbooks@commbooks.com
www.commbooks.com

ISBN 979-11-430-0662-2 03500

책값은 뒤표지에 표시되어 있습니다.

차례

인공지능 시대의 지식

변화와 대응, 진짜와 가짜

"명자인시이변, 지자수세이제(明者因時而變, 知者隨世而製)"라는 글이 있다. "현명한 사람은 시대의 변화에 맞춰 책략을 바꾸고, 지혜로운 사람은 세상의 변화에 따라 법칙을 만든다"라는 뜻이다. 한나라 시대였던 기원전 50년 무렵 발간된《염철론(鹽鐵論)》의 한 구절로,《염철론》은 기원전 81년 한나라에서 있었던 소금과 철의 전매 정책에 대한 염철회의(鹽鐵會議) 기록을 문장가 환관(桓寬)이 토론 형태로 정리한 책이다. 이 구절은 중국의 시진핑(習近平)이 원문의 '수세이제(隨世而製)'를 '수사이제(隨事而製)'로 바꾸어, 2013년 4월 7일 하이난(海南) 보아오(博鰲)에서 개최된 2013년 보아오 아시아 포럼 연차 총회 기조연설에 인용하면서 새삼스럽게 주목을 받았다. 시진핑은 시대의 변화를 이해하고, 사물의 변화에 적극적으로 대응하여 제도와 규칙을 조정해야 한다는 의미로 이 구절을 인용했는데, 비록 이 연설이 기본적으로 세계 정세의 변화에 대한 중국의 입장을 표명하는 것에 중점을 두기는 했으나, '변화'와 '대응'이 2천 년이라는 까마득한 시간을 관통하는 인간 역사의 중요한 키워드임을 강조하여 그 대의를 드러내고 싶었을 것임도 미루어 짐작할 수 있다.

소금과 철의 시대로부터 2천여 년이 지난 2023년, 미국의 《메리엄웹스터(Merriam-Webster)》에서는 '2023년 올해의 단어(The Word of the Year)'로 'authentic(진짜)'을 선정했다. 피터 소콜로프스키(Peter Sokolowski) 메리엄웹스터 편집장은 인공지능(AI)과 딥페이크와 같은 기술 발전과 함께 조회 수와 검색 빈도가 증가함에 따라 이 단어를 선정했다고 밝혔다. 영국의 《케임브리지 영어 사전(Cambridge English Dictionary)》에서는 'hallucinate(환각을 느끼다, 거짓 정보를 주다)', 말뭉치 기반의 사전인 《콜린스 코빌드 사전(Collins Cobuild Dictionary)》에서는 'AI(인공지능)'를 선정했는데, 이는 2022년 말 미국의 인공지능 연구소 오픈에이아이(OpenAI)가 공개한 챗지피티(ChatGPT)를 계기로 대두된 인공지능(Artificial Intelligence, AI)이 2023년 한 해 동안 전 세계의 이목을 끄는 중요한 화두였음을 보여 준다.

수천 년을 사이에 둔 이 두 사례는 이 책에서 논의할 두 가지 쟁점을 상징하고 있다. 하나는 '변화에 대한 대응', 또 하나는 '진짜와 가짜'다. 달리 말해, 인공지능 시대를 맞아 사전이 디지털이라는 새로운 기술적 환경에 적극적으로 대응해야 함을 의미할 뿐만 아니라, 또한 그런 변화의 와중에서 지켜야 할 본질은 무엇인지를 되새겨 보아야 함을 의미하는 것이다. 모든 지식과 정보를 블랙홀처럼 빨아들인 후, 필요한 지식과 정보를 재구성하여 제시하는 인공지능의 무한한 능력에 비추어 볼 때, 이제는 과거의 유물처럼 보이는 사전이 그동안 인간과 인간 사회에 제공해 왔던 가치에 대한 진지한 고민이 없다면 어떤 일이 발생할 것인가를 깊이 사유하기 위해서도 사물의 본질에 대한 깊은 상상력이 필요하기 때문이다.

지식과 정보의 공유, 지성과 지혜의 현재

2024년 노벨 문학상 수상자로 한국의 작가 한강이 선정되었다. 스웨덴 한림원은 이미 2016년 〈채식주의자〉로 부커상 국제상을 수상하여 세계 문학으로의 가능성을 인정받았던 한강을 수상자로 발표하면서, 역사적 트라우마에 맞서고 인간 삶의 연약함을 폭로하는 강렬한 시적 산문을 발표하여 현대 산문의 혁신을 주도했다고 그이를 선정한 이유를 밝혔다. 스웨덴 한림원은 초기작인 〈그대의 차가운 손〉부터 작가 생애에 걸쳐 발표된 〈채식주의자〉, 〈바람이 분다, 가라〉, 〈희랍어 시간〉, 〈흰〉 등 주요 작품을 제시하며 삶의 심연을 천착하는 한강의 시적 상상력을 강조했고, 5 · 18 광주 민주화 운동을 배경으로 한 〈소년이 온다〉와 제주 4 · 3 사건을 배경으로 한 〈작별하지 않는다〉에서 역사의 트라우마에 대응하고, 인간의 연약함을 드러내는 문학적 성취를 이루었음에 주목했다고 설명했다. 한강의 노벨 문학상 수상으로 한국인들은 노벨 문학상 수상작을 모국어로 읽을 수 있다는 드문 경험에 환호했고, 한강의 책이 한두 주 사이에 수백만 권이나 팔리는 유례없는 독서 문화가 형성되었다. 그 배경에는 어둡고 아팠던 현대사의 그늘 속에서 오래 고투해 왔던 한국 문학이 이미 지역의 한계를 넘어서 세계적인 보편성을 담고 있었다는 점에 대한 새삼스러운 자부심도 없지 않았을 것이다.

이런 상황에서, 한강의 몇몇 작품이 역사를 왜곡하고 있다면서 어떤 사람들이 주한 스웨덴 대사관 앞에서 항의 시위를 하는 해프닝이 벌어졌다. 한글이라는 뛰어난 문자를 사용할 뿐만 아니라, 전 세계에서 문맹률이 가장 낮으며, 교육열은 세계 최고고, 인터넷 보급률 또한 전 세계의 최상위권을 다툰다는 이 나라에서 일어난 일이었다.

사소하지만 사소하지만은 않은 이런 사례는 디지털 문화, 특히 인터넷의 발달로 가능해진 지식과 정보의 공유가 실제로 사회에 어떤 가치로 작동하는가를 상징한다는 점에서 주목할 만한 가치가 있다. 디지털 시대, 지식과 정보의 폭발적인 공유에 비례하여 개인과 집단의 지성과 지혜도 확장되는가 하는 질문이 소환되는 시대인 것이다. 이 작은 책은 정보의 새로운 매체로 대두되고 있는 인공지능을 일상에서 사용할 수 있게 된 시대를 맞아, 전통적인 지식의 상징이었던 사전이 갖게 될 역할의 의미, 달리 말해 사전이라고 불려 왔던 특정한 출판물이 갖는 존재의 의미를 인문학적 관점에서 새롭게 성찰해 보기 위한 목적으로 쓰였다.

지식과 문화 담론의 모범, 브리태니커

한국브리태니커회사에서 《브리태니커 백과사전(Encyclopaedia Britannica)》 15판을 저본으로 한국어판 《브리태니커 세계대백과사전》의 편찬을 본격적으로 추진하던 1990년 무렵, 편찬 팀의 가장 큰 고민은 한국어판 《브리태니커 세계대백과사전》의 정체성이었다.

《브리태니커 백과사전》은 미국이라는 국가가 독립하기도 전인 1768년 스코틀랜드 에든버러에서 처음 출간된 이래, 오랫동안 영국에서 영국과 영어권의 독자들을 위해 편찬되었던 영국의 백과사전이었다. 이 백과사전은 수많은 경쟁 백과사전들 사이에서 지속적인 자기 혁신을 거듭한 끝에 250년 넘게 그 명성을 유지하면서 독보적인 위상을 확보해 왔다. 《브리태니커 백과사전》은 20세기 초 영국을 대신하여 세계의 강국으로 떠오른 미국으로 본사를 옮겼음에도 '영국(Britain)'이라는 어원에서 유래한 이 백과사전의 이름을 그대로 유지했다. 1968년에는 창간 200주년 기념식이 영국 해럴드 윌슨(Harold Wilson) 총리가 참석한 가운데 영국 런던의 길드홀에서 개최되었다. 엘리자베스 2세 여왕(Queen Elizabeth II)의 따뜻한 기념사 후, 런던시장 길버트 잉글필드(Gilbert Inglefield)는 《브리태니커 백과사전》의 편찬이 영국 역사에 남을 중요한 사건이라고 평가했고, 브리태니커 편집 위원회 위원장 로버트 허친스(Robert Hutchins)는 《브리태니커 백과사전》이 인류 전체를 위한 위대한 교육 도구가 될 것임을 선언했다.

브리태니커 이사회 의장이자 발행인이었던 윌리엄 벤튼(William Benton)은 시카고대학교의 부총장을 겸임하면서 시카고대학교와 브리태니커의 오랜 협력을 가능하게 했는데, 시카고대학교의 교훈인 "더욱더 지식을 가꾸어 인류의 삶을 풍요롭게(Let knowledge grow from more to more; and so be human life enriched)"는 오랫동안 브리태니커의 사시로 인용되기도 했다. 1968년 브리태니커 창립 200주년 기념 회사로 서울에 설립된 한국브리태니커회사는 그런 의미에서 브리태니커의 정신을 가장 잘 살린 지사였다. 한국브리태니커회사는 한창기 사장의 주도 아래 산업화 시대에 잊혀 가던 한국 문화의 발굴과 재현에 노력하여 《브리태니커 판소리 전집》과 《브리태니커 팔도소리 전집》을 펴냈고, 전통 녹차와 방짜 유기 문화를 되살렸다. 잡지 《뿌리깊은나무》를 발간하여 진정한 근대 출판물의 모범을 보였으며, 인문 지리지 《한국의 발견》을 펴내어 근대 한국의 지리와 문화를 기록하는 한편, 《뿌리깊은나무 민중 자서전》을 펴내어 격동하는 역사의 숨은 주역이었던 다양한 인물들의 삶을 구술로 기록하기도 했다.

이런 맥락에서 최종적으로 한국어판 《브리태니커 세계대백과사전》의 정체성은 한국어를 사용하는 한반도의 독자들을 전제로 기획되었고, 영어판뿐 아니라 중국어판, 일본어판 등 다양한 브리태니커의 판본을 저본으로 하되, 통일 한국을 지향하는 거시적이며 국제적인 관점에서 원고를 다듬고 한국 관련 원고를 전면 재집필했던 것이다. 이처럼 브리태니커는 단순한 백과사전에 머물지 않고, 나라마다 그 나라의 문화와 인간을 담은 매체로 기능한 좋은 모범이었다.

근대 문학과 근대 사전의 운명

인공지능이 가능했던 배경은 당연히 인터넷이다. 인터넷은 데이터의 디지털화라는 단순한 매체 전환의 경계를 넘어, 데이터와 데이터 간 비선형적 링크의 무한한 확대를 가능하게 했기 때문이다. 인터넷의 대중화에 크게 기여했던 최초의 상용 웹 브라우저인 넷스케이프 내비게이터(Netscape Navigator)의 첫 버전이 출시된 것이 1994년 12월이었는데, 채 한 해가 지나지 않은 1995년 내비게이터는 한국을 비롯한 전 세계의 웹 브라우저 시장을 점령하면서 전 세계 사용자에게 인터넷이라는 새로운 지평을 열어 주었다. 같은 해 마이크로소프트(Microsoft)사의 인터넷 익스플로러(Internet Explorer)가 출시되고 무료로 배포되기 시작했다. 달리 말해 1995년은 PC 통신 시대에 머물러 있던 일반 사용자들이, 신대륙을 개척하기 위해 범선을 타고 먼 바닷길에 나섰던 14~16세기 신항로 개척 시대의 탐험가들처럼 '항해사(navigator)'와 '탐험가(explorer)'가 되어 미지의 세계인 정보의 바다에

뛰어들었던 기념비적인 전환점이었다. 그리고 불과 10여 년 사이에 사전의 생태계는 급격한 변화를 겪게 되었다.

그 무렵 한국에서 책 두 권이 번역 출간되었다. 앨빈 커넌(Alvin Kernan)의 《문학의 죽음(The Death of Literature)》(최인자 옮김, 1999)과 가라타니 고진(柄谷行人)의 《근대문학의 종언(近代文学の終わり)》(조영일 옮김, 2006)이었다. 이 두 책은 문학의 죽음을 이야기하고 있었지만, 위기를 맞은 전통적 사전의 현실과 미래를 조망하는 데에도 타산지석으로 작동했다. 문학에 대한 이런 논의와 진단은 사회 변화에 크게 기여했던 근대 문학이 어느 사이에 주변부로 밀려났음에 대한 성찰에서 비롯되었는데, 많은 부분에서 오늘날 사전이 주변부로 밀려난 정황과 유사했던 것이다.

가라타니 고진에 의하면, 근대 문학 곧 소설은 네이션(국민 국가)의 기반이었다. 이전까지 감성적 오락을 위한 단순한 읽을거리였던 소설은 18세기에 들어 감성에 대한 학문인 미학이 등장하면서 지위 상승의 계기를 마련하게 되었다. 감성과 감정이 지적 · 도덕적 능력과 밀접하게 연결되어 있음을 깨달으면서 상상력의 중요성이 강조되었던 것이다. 그는 상상력에 기반한 문학이 공감의 공동체 곧 '상상의 공동체'인 네이션(국민 국가)의 토대가 되었다고 보았다. 하지만 가라타니는 20세기 후반 영화와 텔레비전, 비디오 플레이어와 같은 시각 매체의 등장으로 근대 소설의 특징인 '리얼리즘'의 가치가 제거되면서 사회를 변혁했던 근대 문학의 특별한 의미가 끝났다고 선언했다.

그의 논지에서 '근대 문학'을 들어내고, 그 자리에 '근대 사전'을 넣었을 때, 근대 문학에 대한 그의 예지는 사전에 대해서도 완벽하게 일치한다. "근대적인 사전은 네이션(국민 국가)의 기반이었다. 이전까지 개인의 지적 취미와 관심의 대상이었던 사전은 18세기에 들어 계몽사상의 전파와 함께 지위 상승의 계기를 마련하게 되었다. 신학뿐 아니라 감성과 감정을 다루는 예술, 개인의 실용적 삶을 구축한 과학과 기술까지도 한 그릇에 담는 지식의 상상력이 사전을 통해 구현되어 근대 계몽주의를 이끌었고, 라틴어가 아닌 지방어를 모아 담은 자국어 사전이 '상상의 공동체'인 네이션(국민 국가)의 토대가 되었다. 하지만 영화와 텔레비전, 비디오 플레이어 등 시각 매체의 등장으로 사전이 제공하는 계몽의 기능과 표준의 역할이 사라지고, 인터넷을 통한 지식 경계의 해체로 근대 사전의 특별한 의미는 끝났다"로 읽히지 않는가?

근대 문학과 사전의 전성기가 크게 다르지 않다는 점에서, 그리고 그것의 해체와 사회적 효용의 감소가 거의 동시에 이루어지고 있다는 점에서, 근대 문학과 사전은 동전의 앞뒷면이요, 근대 국가를 지탱했던 두 개의 기둥이었다.

사전 생태계의 붕괴

인터넷을 기반으로 한 검색 포털이 대중성을 확보하고, 이를 기반으로 한 유사 사전을 누구나 무료로 사용할 수 있게 되자, 비교적 공고할 것이라고 간주되었던 사전과 백과사전의 생태계는 급격하게 큰 영향을 받았다. 이는 지식과 문화 담론의 좋은 모범이었던《브리태니커 백과사전》도 마찬가지였다.

미국 일리노이주 시카고에 본부를 둔《브리태니커 백과사전》의 출판사 엔사이클로피디어브리태니커사(Encyclopaedia Britannica Inc.)는 디지털 분야에서도 선구자적인 행보를 보였다. 브리태니커는 이미 1970년대에 컴퓨터를 이용하여 백과사전을 편집하는 시스템을 구축했고, 1980년대에는 디지털 매체에 백과사전과 같은 다량의 데이터를 탑재하는 방법을 연구했으며, 1989년에 본격적인 백과사전으로서는 최초로 고등학생용 백과사전이었던 《캄튼 백과사전(Compton Encyclopedia)》을 시디롬으로 개발한 데 이어 1990년대에 이미 《브리태니커 백과사전》을 포함한 세대별 백과사전 모두를 디지털 매체에 담아 출시했다. 1990년대 중반에는 캘리포니아주 샌디에이고에 따로 연구소를 설립하고 인터넷에 기반을 둔 지식과 정보 검색 플랫폼을 개발하여 1997년에 《브리태니커 백과사전》 데이터를 중심으로 웹사이트와 관련 정보 검색이 가능한 이블라스트(e-Blast)를 공개했다. 1998년 첫선을 보인 구글(Google)보다 한 해 앞섰던 이 검색 플랫폼은 유료였던 《브리태니커 백과사전》 항목들을 무료로 이용할 수 있다는 점 때문에 서버가 다운될 정도로 인기를 끌었지만, 제공하는 정보의 신뢰성에 높은 가치를 두었던 브리태니커가 막대한 자금을 투자하여 좀 더 완벽한 인터넷 검색 시스템을 개발하는 동안 이른바 닷컴 버블(Dot-com bubble)이 미국 IT업계를 강타하면서 중단되었다. 만일 브리태니커의 초기 구상이 담긴 이 모험이 계속되었다면 브리태니커는 구글과 아마존을 합친 형태의 세계적인 IT 기업으로 발전할 수 있었을 것이다. 이후 브리태니커는 콘텐츠에 대한 오랜 신뢰도를 바탕으로 온라인 백과사전을 이용한 학습 프로

그램을 개발하여 교육 분야로 사업 영역을 확대했다.

한국어판 《브리태니커 세계대백과사전》 역시, 1994년에 완간된 인쇄본을 저본으로 하고, 멀티미디어 자료와 각종 특집, 통계 자료와 연감 기사 등을 보충하여 1999년에 시디롬과 온라인으로 개발됐다. 그 결과 2002년에는 한국어판, 2012년에는 영어판 《브리태니커 백과사전》의 인쇄본 출간이 중단되었고, 2018년에는 1938년부터 매년 출간되었던 《브리태니커 연감》의 마지막 권이 나오면서 《브리태니커 백과사전》의 인쇄본 시대는 종언을 고했다. 그사이에 위키피디아와 같이 이른바 집단 지성의 산물이라는 무료 유사 백과가 유력한 대체물로 부상했고, 드디어는 인공지능이라는, 그 모든 것을 통합한 괴물이 등장한 것이다.

2022년 12월, 오픈에이아이에서 개발한 대화형 인공지능 챗지피티가 공개되자 사람들은 자연어로 질문하면 답을 만들어 내는 생성형 인공지능에 열광하기 시작했다. 챗지피티에 이어 다양한 인공지능이 개발되면서 사용자가 급증하게 되자, 불과 2년여 지난 2025년 들어 《브리태니커 백과사전》뿐 아니라 위키피디아와 같은 유사 백과나 지식 공유 플랫폼의 사용자도 급격하게 감소하는 양상을 보이기 시작했다(Kemp, 2025). 이는 드디어 인공지능이 사전의 효용마저 잠식하게 되었음을 의미한다.

인공지능 시대, 사전에 대해 다시 생각한다

20세기까지만 해도 상상의 산물이었던 인공지능은 21세기 들어 디지털 시대 지식 혁명의 궁극적인 모델로 각광받기 시작했다. 한편, 백과사전이나 언어 사전은 오랫동안 사용자들에게 신뢰할 만한 정선된 지식을 제공해 왔다. 그렇다면, 사전이 사용자들에게 제공했던 가장 본질적인 가치는 무엇이었을까? 과연 생성형 인공지능은 사전을 대체하여 그 가치를 사용자들에게 제공해 줄 수 있을까? 지식의 의미가 무엇인지를 탐구하고자 하는 사람들이라면, 전통적인 사전이 고유하게 확보하고 있던 의미와 가치를 다시 살펴보고, 생성형 인공지능을 통해 제공되는 정보가 전통적인 사전과 어떤 차이를 갖고 있는지를 성찰해 볼 때가 되었다.

인공지능은 상당히 폭이 넓은 개념으로, 그 구체적인 구현 양상은 디지털 기술과 함께 지속적으로 변천해 왔다. 독자·사용자를 어느 정도 특정할 수 있었던 종이 사전의 시대가 저물고 디지털과 인터넷으로 대체되는 환경에서, 그 변화 양상에 대해서는 다양한 논의가 이루어져 왔지만, 정작 사전의 본질이나 인쇄 사전이 사회 안에서 확보했던 역할을 인터넷 검색이나 인공지능이 대체할 수 있는가에 대해서는 논의가 활발하지 않았던 듯하다. 지식과 정보를 체계적으로 전달하는 도구가 사전에서 인터넷 검색에 이어 인공지능으로 이행되고 있는 지금, 사전의 가치와 용도에 대한 논의를 위해서는 사전의 본질, 특히 물성의 이면에 가려져 있던, 사전만이 전유할 수 있는 영역에 대한 분석이 선행될 필요가 있다. 이 작은 책은 인공지능 시대를 맞아 그 사회적 가치와 효용에 대한 논의가 새롭게 요청되고 있는 사전에 대하여 살펴보기 위한 목적으로 씌어졌다.

이 책은 크게 10개의 장으로 구성되었다. 1장에서는 사전의 전통적인 의미를 개괄적으로 살펴보았다. 사전은 특정 독자와 사회 구성원의 필요에 부응하는, 가치 있고 독창적이며 신뢰할 만한 다량의 메타 지식과 언어 콘텐츠를 구조화하여 적절한 미디어에 담은 저작물이다. 그러나 디지털 시대에 들어, 전통적 의미의 사전과 유사사전의 구분이 어려워졌다. 이런 시대에 과연 지식은 무엇인가, 사전 없이 지식을 말할 수 있는가에 대해서 생각해 보았다.

2장과 3장에서는 사전의 본질에 대하여 검토해 보았다. 서지학적으로 사전은 오래 축적된 지식 가운데, 핵

심적인 정보만을 신뢰할 만한 편찬자가 비평적으로 선정 · 편찬한 책으로, 일반 독자들 앞에 제시되는 수많은 정보들에 대한 비평적 기준으로 기능한다. 특히 사전은 일정한 사유 체계인 담론을 기반으로, 특정 범주에 속한 세상을 총체적으로 설명하는 '담론의 구성체'라는 점에 주목할 필요가 있다. 이는 개별적인 사전 하나하나가 고유의 지식 세계를 이루고 있음을 의미한다.

4장에서는 디지털 기술과 인터넷의 발달이 사전 생태계에 어떤 변화를 가져왔는지 살펴보았다. 디지털 기술은 구글과 같은 검색 플랫폼과 위키피디아와 같은 유사사전의 출현을 가능하게 하여, 사전의 운명에 급격한 변화를 가져왔으며, 인터넷 검색을 통한 지식과 정보에 대한 접근 가능성이 확대되면서, 전통적 사전의 생태계가 붕괴되는 양상임을 설명했다.

5장에서는 인공지능에 대한 이모저모를 알아보았다. 우선 인공지능의 의미와 역사를 개괄하고, 알파고와 챗지피티 이후 인공지능이 일상화되는 과정에서 일어난 급격한 변화를 설명했다. 또한 인공지능의 대중화와 함께 주요 참조 사이트의 방문자가 급감하는 현상을 통해, 장기적으로 인공지능이 사전의 대체물로 기능할 가능성이 없지 않음을 설명했다.

6장에서는 생성형 인공지능의 특성을 살펴보았다. 생성형 인공지능은 제공되는 데이터를 자기 학습을 통해 분류한 후, 사용자의 질문에 대응하는 정보를 추출하여 인간 언어, 이미지, 영상 등 다양한 형태로 제공하는 기능을 갖고 있다. 특히 인공지능 스스로 수행에 대한 자각이 없음에 따라 결과의 신뢰도에 대한 비판적 관점이 필요함을 역설했다.

7장에서는 인공지능의 학습 대상인 데이터에 대해서 설명했다. 데이터는 인공지능이 생성하는 결과물의 품질을 좌우하는 중요한 요소이지만, 데이터 수집의 어려움 때문에 많은 편향과 왜곡이 반영되어 있음을 강조했다. 인터넷을 통해 수집한 데이터의 경우 그 자체로 형성되는 오류가 적지 않음을 밝혔다.

8장에서는 인공지능과 사전의 상호 작용에 대하여 살펴보았다. 인공지능의 발달 과정에서 탄생한 디지털 인문학은 언어 사전과 같은 기본적인 언어 정보 데이터와 백과사전과 같은 기본적인 지식 정보 데이터가 인공지능의 발달에 기여할 수 있을 것으로 여겼고, 사전 편찬자는 인공지능 기술이 사전 편찬에도 도움을 줄 수 있을 것으로 기대했음을 설명했다.

9장에서는 전통적인 지식과 인공지능 시대의 지식에

대해서 설명했다. 근대 인식론 이후에는 실증주의를 바탕으로 증명 가능한 과학적·논리적 지식을 추구했으며, 20세기 후반에 들어서는 구성주의 인식론을 바탕으로 지식의 상대주의적 관점이 대두되었다. 그런 모든 과정에서 인간은 지식의 유일한 생산자로 인정받았다. 그러나 21세기 들어 등장한 생성형 인공지능은 지식의 유일한 생산자였던 인간의 위상에 의문을 제기하고 있는 상태로, 올바른 지식은 무엇인가에 대한 질문을 제기했다.

10장에서는 앞의 모든 장을 포괄하고 요약하는 개념으로, 인공지능 시대, 사전의 가치에 대해서 논의했다. 인공지능은 다양한 측면에서 인간 생활에 편의성을 제공할 수 있겠지만, 적어도 전통적 사전이 제공하던 지식의 신뢰성과 다양한 담론의 가치를 대체할 수는 없을 것이라는 점을 역설했다.

이 작은 책으로 인공지능과 사전에 얽힌 모든 이야기를 나눌 수는 없을 것이다. 따라서 지식의 역사를 관통하여 전통적인 사전이 사용자와 사회에 제공했던 본질적인 가치가 인공지능 시대에 어떤 의미를 갖고 있는지를 살펴보는 데 초점을 두었고, 그 과정에서 새롭게 다가오는 인공지능 시대의 명과 암을 입체적으로 성찰할 수 있기를 기대했다. 되도록 최근의 소식과 정보를 포함하려고 했으나, 그럼에도 놓친 것이 있다면 온전히 저자가 도맡아야 할 책임임을 밝힌다.

참고문헌

김문영(1998). "우리나라의 현행 백과사전에 관한 평가적 연구". 《한국정보관리학회 학술대회 논문집》, 47~50쪽.

김진택(2012). "행위자 네트워크 이론(ANT)을 통한 문화콘텐츠의 이해와 적용 : 공간의 복원과 재생에 대한 ANT의 해석". 《인문콘텐츠》, 24, 9~37쪽.

나승훈 외(2004). "세종 전자 사전의 전산적 활용 가능성". 《한국사전학》, 4, 131~151쪽.

柄谷行人(2005). 近代文学の終わり. インスクリプト. 조영일 옮김(2006). 《근대문학의 종언》. 도서출판 비.

Kemp, S.(2025). Digital 2025: Exploring trends in Wikipedia traffic. Datareportal. https://datareportal.com/reports/digital-2025-exploring-trends-in-wikipedia-traffic

Kernan, A.(1990). *The Death of Literature*. Yale University Press. 최인자 옮김(1999). 《문학의 종언》. 문학동네.

01
사전의 전통적 의미

사전은 특정 독자와 사회 구성원의 필요에 부응하는, 가치 있고 독창적이며 신뢰할 만한 다량의 메타 지식과 언어 콘텐츠를 구조화하여 적절한 미디어에 담은 저작물이다. 이와 같은 사전과 사전의 물성은 오랫동안 독자적인 사회적 행위자로 공고한 위치를 차지하고 있다고 여겨져 왔다. 그러나 인공지능 시대를 맞아 우리는 사전의 이런 서지학적 정의 속에 숨어 있는 본질에 대해서 다시 생각해 볼 필요가 있다.

AI와 1인 창업?

행위자 네트워크 이론(Actor-Network Theory, ANT)은 역사의 주체가 오직 인간이라는 오랜 통념에 의문을 품고, 기술과 인간이 모두 행위자이며, 이들의 긴밀한 관계를 통해 세계가 구성된다고 보았다(Law, 1992). ANT에 의하면, 기술은 비인간 행위자의 대표적인 존재이고, 세계는 인간이라는 행위자와 비인간 행위자들 간의 복잡한 관계와 그들의 이합집산을 통한 집합체들의 운동에 의해 전개된다. 기술은 이러한 네트워크 전개 과정 안에서 파악해야 한다는 것이 ANT다. ANT는 또한 인간이 만들어 내는 지식 네트워크가 인간에게 어떤 영향을 주는 것인가를 예견하고 있는데, 인터넷의 발달이나 모바일의 보급과 같은 시스템의 변화가 사전 독자 · 사용자의 행동 양식에 미친 영향은 이 이론의 실현된 예언이라고 볼 수 있다.

전통적 의미의 사전과 유사 사전

이전까지 전통적 의미의 사전은 '1. 일정한 독자를 대상으로 한 특정한 목적과 기획에 따라, 2. 제한된 편집자에 의해 항목이 엄격하게 선정되고, 3. 일정한 기준과 지침에 따라 편집되었으며, 4. 항목의 균형과 서술의 일관성을 유지하고, 5. 필자와 발간의 주체가 그 내용을 보증하는, 6. 오랜 역사나 독창적인 비평적 관점을 통해 신뢰를 받아 온, 7. 대규모의 포괄적인 지식 정보의 집적물'을 의미했다. 형태적으로는 인쇄본뿐 아니라 시디롬이나 DVD 같은 디지털 매체에 탑재된 것과, 온라인 사전으로 개발되어 인터넷으로 접속해 사용할 수 있는 데이터 모두를 포함하는데, 대표적인 유사 사전이라고 할 수 있는 위키피디아의 경우, 위 요건 가운데 3 · 7은 '사전'과 유사하지만, 나머지 1 · 2 · 4 · 5 · 6항의 요건에 부합하지 않은 경우라고 볼 수 있다.

사전과 유사 사전의 궁극적 차이는 무엇인가에 대한 질문이 있을 수 있다. 왜냐하면 정보의 현재성이나 분량에서 분명 유사 사전이 전통적인 사전보다 우세해 보이는 경우가 있기 때문이다. 사전과 유사 사전의 경계는, 아마도 비평의 유무가 아닐까 한다. 사전은 기본적으로 편집자라는 지식과 언어의 비평가에 의해 지식의 의미와 경계와 형태가 규정되고, 그 비평의 기준과 관점에 따라 사전의 수준과 특성이 드러난다. 사용자는 그 필요성에 따라 사전을 선택하여 신뢰할 만한 지식과 정보를 획득한다. 이는 좋은 비평가이냐, 나쁜 비평가이냐 하는 문제와는 별개의 것이다. 유사 사전의 경우, 사전과 유사한 형태로 원고가 모이고 전시되며 제공된다는 공통

점은 있으나, 개별 원고에 대한 비평의 과정이 생략되어 있다. 실제로, 한국어판 위키피디아에는 〈위키피디아 : 면책 조항〉이라는 제목 아래 아래와 같은 글이 제시되어 있다.

> 위키피디아는 정확성을 보증하지 않습니다. 위키피디아는 온라인에 의해 내용이 개방되는 백과사전입니다. 다시 말해 위키피디아에 참여하는 개인이나 단체는 인간이 창조하고 발견한 지식을 한곳에 모으는 노력을 함께하고 있습니다. 인터넷과 웹 브라우저를 쓸 수 있는 모든 사람은 누구나 위키피디아에 참여하여 글을 쓰고 수록된 글을 보충 또는 수정할 수 있습니다. 그러므로 여기에 수록된 개별 분야에 관한 어떠한 글도 전문가에 의해 특별히 검토되지 않기 때문에 어떤 주제에 대해서도 정확하고 또는 신뢰할 수 있는 정보를 제공한다고 볼 수는 없습니다. 그렇다고 해서 여러분께서 위키피디아에서 가치 있고 정확한 정보를 얻을 수 없다는 것을 의미하지는 않습니다. 위키피디아는 다만 여기에 수록된 정보의 타당성에 대해 어떠한 보증도 하지 않는다는 것을 강조합니다. 여기에 수록된 정보는 어느 사람에 의해서든지 조만간 수정되거나 변경 또는 심지어 훼손될 수 있습니다.

이는 그 내용의 확실성에 대해, 비평의 단계가 결여되어 있음을 스스로 증거하는 것이라 할 수 있다. 이러한 이유로 〈위키피디아 : 소개〉에 "위키피디아는 책으로 된 백과사전과 달리 실시간으로 편집됩니다. 위키피디아의 문서는 끊임없이 새로 만들어지고 갱신되므로 역사적 사건에 관한 항목은 수분 내에 생성됩니다. 오래전에 작성된 항목은 시간이 지나 점점 더 일반화되고 중립적인 시각으로 변합니다. 새로 만들어진 항목은 잘못된 정보, 백과사전에 싣기에 부적절한 내용 또는 문서를 훼손하는 내용을 포함할 수 있습니다. 이 점을 명심해 유용한 정보는 취하고 잘못된 정보는 피하세요"라는 친절한 안내가 제시되어 있다. 문제는 '유용한 정보'와 '잘못된 정보'를 일반 사용자가 구분하는 방법이다. 어떤 정보가 유용한 것인가 잘못된 것인가를 구분하기 위해서는 모든 정보를 다른 사전과 비교해 봐야 할 것이다. 백과사전의 모든 정보를 비교해 봐야 한다면, 그 백과사전은 사전으로서의 가치를 증명하지 못한다고 보는 것이 옳을 것이다. 사전은 기본적으로 그 자체가 다른 정보들의 기준으로 작동해야 하는 것이기 때문이다.

사전 없이 지식에 대해 말할 수 있는가

전통적인 사전은 본질적으로 지식과 정보에 대한 비평적 관점에 기반하고 있다. 지식의 본질과 가치에 대한 비평이 실종될 경우, 비평 없는 창작, 비평 없는 대중음악과 같은 현상이 일어날 것이며, 그 결과 아마도 대중 추수적인 경향이 가장 많이 나타날 것이다. 이 비평적 관점을 포기한다면, 사실상 집단 지성의 플랫폼이라는 기술적 토대에 모든 것을 의탁하는 것으로 사전에 대한 논의는 끝날 것이다. 사전은 마치 동물원이나 식물원 같은, 일정한 비평적 관점이 투영된 공간과 유사하다. 자연을 알기 위해서 자연 그 자체를 약육강식의 생태계 그대로 만나 보는 것이 가장 이상적이라는 말을 부정할 수는 없지만, 그렇다고 해서 사자를 보여 주기 위해 모든 어린아이를 아프리카 케냐의 마사이마라 국립 공원에 보낼 수는 없을 것이다. 그곳에 간다고 하여 모든 동물을 만나보기도 어려울뿐더러, 대단히 위험하기도 하기 때문이다. 반대로 동물원이라는 틀은 유지하지만, 관람자 마음대로 어떤 동물이든 기증하고 수용할 수 있다고 할 경우, 사실상 유기된 개와 고양이로 넘쳐서 정작 동물의 다양성을 일목요연하게 관찰하기는 쉽지 않은 상황이 도래할 것이다. '사전의 본질'이 상실될 경우, 사전의 미래도 이와 다르지 않을 것이다.

"예술 없이 아름다움에 대해 말할 수 있는가"라는 프랑스의 대학 입학 철학 시험인 바칼로레아의 한 문제는 그대로 "사전 없이 지식에 대해 말할 수 있는가"라는 질문의 은유일 수 있다. 즉, '예술'과 '아름다움'의 관계를 '사전'과 '지식'의 관계로 유비해 볼 수 있을 것이다. 아름다움에 대한 실천적 추구와 그 결과물을 우리는 보통 예술이라고 한다. 흔히 봄 길가에 만개한 벚꽃이나 바닷가에서 붉게 타오르는 저녁노을에서 아름다움을 느낄 때, 그 아름다움이 무엇인가를 논의하는 것이 미학이라면, 그 의미를 물성을 가진 실체로 바꾸는 과정이 예술이었을 터다. 대상을 모방하는 데에서 예술의 의미를 찾아낸 것이 고전적인 아리스토텔레스의 모방론이었고, 모방론에서 표현론으로, 표현론에서 형식론으로, 형식론에서 제도론을 거쳐 다원론으로 예술의 의미가 이동하면서 (김진엽 · 하선규, 2007), 아름다움에 대한 보편적 기준도 다양하게 진화해 왔다. 이제 우리는 전통적 미학적 경험의 경계를 넘어서는 현대 미술의 여러 다양한 시도에 대해서, 그 당위성과 개연성을 '보편적 감성'으로 느끼고 있다. 최근에 출판 · 광고 · 방송 등 거의 모든 미디어에서 활용되고 있는 복고적 폰트, 어떤 의미에서 획의 불균

형이 남아 있고, 소박하면서 심하게 보면 유치하기까지 한, 30~40년 전 이미 폐기되었던 차트와 간판 글씨들을 차용한 이 키치적 폰트들이 얀 치홀트(Jan Tschichold, 1935)의 근대 타이포그래픽 체계가 선도했던 근대적 폰트의 명료한 균형미를 제치고 새롭게 부각되고 있는 현상은, 미적 기준과 취향이 시대에 따라 지속적으로 변한다는 가장 최근의 사례가 될 것이다. 즉, 예술은 당대 '아름다움'의 귀납적 결과물이자 그것을 초월하는 미적 기준에 대한 간단없는 추구의 과정이면서, 동시에 '아름다움'을 규명하는 연역적 기준으로 인정받아 왔던 것이다.

이러한 관계는 세상의 많은 데이터에서 가치 있는 정보를 모아 '지식'의 이름으로 묶어 편찬한 '사전'에 수록된 내용과 그 기준들이, 다시 세상의 여러 정보들의 가치를 판단하는 준거로 사용되는 형국과 유사하다. 따라서 '사전'에 대한 가치를 비평적으로 정리하자면 '지식은 무엇인가'에 대한 근본적인 질문을 다시 소환해야만 한다. 이는 곧 인공지능에 대한 비평적 기준이, '인공지능이 보편화된 사회의 지식의 의미는 무엇이며, 어떤 효용을 가져야 하는가'에서 출발해야 함을 의미한다.

참고문헌

김진엽·하선규(2007). 《미학》. 책세상.
박준식·김문영(1999). "인쇄본 백과사전의 평가 요소 분석". 《한국문헌정보학회지》, 33(2), 5~22쪽.
Law, J.(1992). Notes on the theory of actor network: Ordering, strategy and heterogeneity. *Systems Practice, 5*, pp.379~393. 홍성욱 엮음(2010). 《인간·사물·동맹: 행위자 네트워크 이론과 테크노사이언스》. 이음.
Tschichold, J.(1935). *Typografische Gestaltung*. Benno Schwabe & Co. 안진수 옮김(2014). 《타이포그래픽디자인》. 안그래픽스.

02
사전의 본질

사전은 오래 축적된 지식과 정보 가운데, 핵심적인 지식만을 신뢰할 만한 편찬자가 비평적으로 선정 · 편찬한 책으로, 일반 독자들 앞에 제시되는 수많은 정보들에 대한 비평적 기준으로 기능한다. 이를 위해서 사전은 독자와 사회 구성원의 필요에 부응할 수 있는 여러 정성적인 요건들을 충족할 수 있어야 한다. 인공지능 시대의 사전이 갖는 이러한 기능이 없다면 독자들은 신뢰할 수 없는 정보 앞에 무방비로 놓이게 될 것이다.

AI와 MBTI?

《표준국어대사전》은 '본질'을 "본디부터 가지고 있는 사물 자체의 성질이나 모습"이라고 가볍게 정의하고 있지만, 사실 '본질'은 대단히 심오한 철학적 주제였으며, 인류 역사에서 철학적 맥락에 따라 다양한 측면으로 이해되어 왔다. 플라톤(Plato)은 이데아 세계에 존재하는 완전한 본성을 본질이라고 보았고, 아리스토텔레스(Aristotle)는 본질이 사물 자체에 내재되어 있으며 전형성의 형태로 형상화된다고 보았다(김진엽 · 하선규, 2007). 근대에 이르러서는 본질이 사물 자체와 관계없이 경험과 학습에 의해 규정된다고 이해되기도 한다. 어떻든 본질은 어떤 사물이나 개념의 동일성을 유지하도록 하는 것, 또는 그 사물이나 개념이 존재하기 위해 반드시 갖춰야 하는 것으로 받아들여진다(권희진, 2023). 이런 다양한 관점을 통합해 보면, '본질'은 어떤 사물이나 개념의, 가장 근본적이고 변하지 않으며, 다른 것과 구별할 수 있도록 하는, 특별한 성질이나 요소를 의미한다. 사전의 본질에 대해서도 이와 같은 몇 가지 측면에서 논의가 가능할 것이다.

사전의 본질에 대한 비평적 논의

사전이라는 사물의 동일성을 유지하도록 하는 것은 무

엇이며, 사전으로 존재하기 위해 반드시 갖춰야 하는 것은 무엇일까? 그리하여 사전을 다른 것과 구별할 수 있도록 도와주는 특성이나 요소는 과연 무엇일까? 종이책 시절에는 사실 이런 논의의 필요성이 제기되지 않았다. 하지만 디지털 기술이 발전하면서 형태적으로는 인쇄사전에서 전자사전으로의 이행이 이루어졌고, 사용자 환경은 미디어 시대를 거쳐 인공지능 시대에까지 이르게 된 지금, 과연 사전의 본질이 무엇인가에 대한 논의가 요청되고 있는 상황이다. 인공지능 기반 언어 사전 개발자인 테오 호펜베르크(Theo Hoffenberg)는 사전의 정의를 "사용자가 문맥에 따라 단어나 표현의 올바른 의미나 번역을 찾도록 돕는 것"이라고 설명하여, 사용자 관점에서 사전의 정의를 새롭게 부여하기도 했다.

그럼에도, 이제까지 사전에 대한 비평적 논의는 대체로 서지학 관점에서 전통적이며 정형화된 사전에 대한 일반론에 머물렀을 뿐(김문영, 1998; 박준식 · 김문영, 1999), 사전의 본질에 대한 비평적 논의는 매우 드물었던 것으로 보인다(장경식, 2021). 서지학 관점에서 전통적으로 통용되었던 평가 요소는 편찬의 수준, 물리적 외형, 저작자의 권위 등이었으며, 이들 요소는 특정 사전에 대한 포괄적인 평가가 가능하다는 점에서 충분히 의미 있는 내용이었다. 하지만 이를 바탕으로 보자면《악마의 사전》이나 《상대적이며 절대적인 지식의 백과사전》, 《브리태니커 어린이 백과사전》과 같은 사전들은 많은 요소에서 좋은 평가를 받기 어려울 것이다. 그럼에도 이 사전들이 다른 사전들에 비해서 많은 독자 · 사용자에게 오래 기억되는 이유는 무엇일까?

사전의 본질에 포함되어야 할 정성적 요소들

이런 질문에 대응하기 위해서, 앞의 서지학적 논의를 포함하여, 사전의 본질에 포함되어야 할 정성적 요소들을 정리해 필요가 있다.

특정 독자와 사회 구성원의 필요에 부응하는가?

사전은 분명 발신자와 수신자가 존재하는 미디어임에도, 아직까지는 대체로 발화자의 관점에서 메시지의 구성에만 관심을 두는 경우가 많다. 이를 위해서 우선 독자, 사회 구성원은 누구이며 그들의 필요는 무엇인가에 대한 분석부터 요청될 것이다. 또한 그 전제로, 독자와 사회 구성원을 둘러싸고 있는 환경과 맥락에 대해서도 연구가 필요할 것이다. 흔히 참조와 학습이라고 정의되는 사전의 기본 기능을 우리는 독자, 사회 구성원의 필요라고 한정하는데, 과연 사전의 필요가 거기에 머무르는 것인지도 검토할 필요가 있다. 《악마의 사전》을 참조하거나 학습하기 위해서 보기는 어려울 것이며, 《상대적이며 절대적인 지식의 백과사전》은 조금만 노력하면 다른 곳에서도 찾을 수 있는 상식과 지식을 모은 것이기 때문이다. 그렇다고 이들을 사전이 아니라고 한다면, 그 까닭은 무엇인가?

독창적인가?

사전이 저작물이라는 점에서 독창성은 대단히 중요한 본질에 해당한다. 독창성을 무엇으로 나타낼 것인가에 대해서는 또한 하위 분야를 다양하게 설정할 수 있겠다. 흔히 논문의 요건으로 주제 · 대상 · 관점 · 방법 · 영역 · 해석 가운데 하나라도 독창성이 있어야 할 것을 요구받는다. 사전 또한 이와 같다. 거시 구조와 미시 구조, 그리고 사전이 선택한 비평적 관점과 내용의 어디에든 독창성이 없다면, 앞에서 검토한 서지학적 평가 요소에 부합한다고 하더라도 독자들에게 좋은 평가를 받기 어려울 것이다. 이는 또한 디지털 기반 플랫폼에 명멸하는 많은 유사 콘텐츠들에도 똑같이 적용할 수 있는 요소일 것이다.

신뢰할 만한가?

사전이 그동안 독자의 신뢰를 받았던 까닭은, 사전이 담고 있는 내용이 해당 분야 전문가와 사전 편집 전문가에 의해 선별되고 일정한 형태로 가공된 콘텐츠였기 때문이다. 이에 따라 대부분의 사전은 다른 정보의 옳고 그름을 비추어 보는 기준의 역할을 수행했다. 하지만 사전의 신뢰도에 대한 판단은 사실 비전문가를 포함한 일반 독자가 하기 어렵다. 서지학적 연구에서 제시한 여러 요소 가운데 신뢰도를 일반 독자가 유추할 수 있는 조건은 '권위'에 불과하다(박준식 · 김문영, 1999). 따라서 보편적인 독자는 사전의 신뢰도에 대해서 직접 판단할 능력이 없다고 보는 것이 타당할 것이다. 그런 까닭에 '편집진이나 출판사의 권위'라는, 사실상 2차 요소를 통해 신뢰도를 확인하게 되는 것이다. 독자와 사회에게 제공되는 동종의 사전 · 데이터 · 정보가 한정적이었던 시대에는 이 기준이 어느 정도 설득력이 있었지만, 지금은 인터넷과 같은 다양한 매체와 경로를 통해 다중의 데이터가 제공되는 상황이다. 한 검색 결과로 여러 사전의 결과물이 제시될 경우, 특정 사전 스스로는 어떻게 다른 경로로 제공되는 무수한 정보들 앞에서 스스로의 신뢰도를 입증할 수 있을까? 더구나 여러 데이터가 임의로 통합되어 추출되는 인공지능의 경우 그 신뢰도는 무엇으로 검증할 수 있을 것인가?

메타적인가?

사전의 근원에서 출발할 때, 사전은 분명히 메타적 관점에서 일정 분야, 부문의 지식, 언어 정보를 대상으로 편찬하는 2차적 데이터라고 볼 수 있다. 메타적 관점이라는 것은 결국 '편찬자'의 '편찬 기준'이 일정하게 작동하고 있음을 전제로 하는 표현일 터다. 편찬 기준은 그 자체로 비평적 행위를 수반한다. 비평적 행위가 부족하거나 일관성을 놓치고 있다면 좋은 사전이라고 보기 어려울 것이다. 위키피디아나 나무위키에 대해서, 기능적으로는 백과사전과 유사한 기능을 수행하고 있어 많은 사용자들이 이를 백과사전이라고 간주하고 있지만, 그 내용이 어느 순간이든 임의로 변경될 수 있다는 이유로 신뢰도를 낮추어 보는 까닭은 무엇보다 집필자의 글이 노출되는 순간에는 비평의 과정이 생략되었기 때문일 것이다. 이는 인공지능이 생성하는 응답에도 동일하게 적용될 수 있다.

구조화되어 있는가?

사전의 거시 구조와 미시 구조는 대개 단위 사전 영역 안에서 의미가 부여된다. 그 구조 자체의 적절성에 대해서는 이미 사전학적 측면에서 많은 연구와 논의가 진행되고 있다. 어떤 사전의 거시 구조와 미시 구조는 그 구조 자체로 특별한 의미를 형성한다(장경식, 2021). 하지만 인공지능의 경우, 그 구조가 눈에 보이지 않는다는 것은 사전의 고유한 요소와 명확하게 대비되는 점이다.

지속적으로 존재할 만한 저작물인가?

저작물로서의 사전에 대하여, 앞의 여러 가지 논점들을 제외하고 남는 부분 가운데 서지학적 비평이 있다. 저작자가 일정한 비평적 관점을 유지할 수 있으며 일정한 권한을 가지고 사전의 지속적 편찬과 개정 작업을 할 수 있는 것인가의 문제도 검토하여야 한다. 이 모든 것을 아우르고, 또한 이 모든 것을 포괄하며, 또한 사회 안에서 사전 자체의 존재 이유를 검토하는 작업 역시 필요하다. 이론 비평의 관점이 되기도 하고, 사회 문화적 비평이 될 수도 있겠다. 때로, 대중문화론과 웹 콘텐츠 전략, 서사 이론과 해체 이론의 관점에서 고전적 의미의 사전 존재 의의를 논의해야 할 수도 있을 것이다. 그렇지 않으면 사회의 추세를 읽지 못한 채, 살아 있는 화석 취급을 받게 될지도 모를 일이다. 이처럼 사전은 그 자체로 지속 가능한 본질에 대한 깊은 고민이 필요한 시대를 맞았다.

참고문헌

권희진(2023). "본질에 대한 지식과 설명적 본질". 《근대철학》, 22, 163~188쪽.

김문영(1998). 우리나라의 현행 백과사전에 관한 평가적 연구. 《한국정보관리학회 제5회 학술대회 논문집》

김진엽·하선규(2007). 《미학》. 책세상.

박준식·김문영(1999). "인쇄본 백과사전의 평가 요소 분석". 《한국문헌정보학회지》, 33(2), 5~22쪽.

장경식(2021). "한국 현대 백과사전의 담론적 성격에 대한 시론: 1950~1990년대 간행 인쇄본 백과사전을 중심으로". 《한국사전학》, 37, 92~124쪽.

Slator(2022. 6. 24.) Reverso CEO Theo Hoffenberg on Building Language Technology Used by Millions. https://slator.com/reverso-ceo-theo-hoffenberg-on-building-language-technology-used-by-millions/

Tschichold, J.(1935). *Typografische Gestaltung*. Benno Schwabe & Co. 안진수 옮김(2014). 《타이포그래픽디자인》. 안그래픽스.

03
사전, 담론의 구성체

각각의 사전은 담론을 기반으로, 특정 범주에 속한 세상을 총체적으로 설명하는 '담론의 구성체'다. 담론의 독자성을 유지하는 것이 사전의 유용성을 확보하는 방법이었기 때문에, 편찬자들은 저마다 다양한 담론 체계를 구성하여 지식을 정제하고 집약하는 방법을 찾기 위해 노력했다. 이들이 창출한 담론의 다양성은 세계를 바라보는 다양한 시선과 깊이를 독자와 사회에 제공해 왔다. 그 결과로 각각의 사전은 사회 속에서 다양한 담론의 출현을 가능하게 했다.

AI와 난임 극복?

사전의 정성적 요소를 관통하며, 여러 서지학적 요소로 드러나는 특정 사전의 본질, 즉 그 사전의 고유한 가치를 규정하는 것을 무엇이라고 보아야 할까? 정보와 지식을 한곳에 모아, 여러 사람들이 그 지식을 누리게 한다는 공통 개념에서 출발했지만, 사실 근대 이전 사전의 편찬 목적은 다양했다. 특정 인물의 사상을 분야별로 집대성한 책이기도 했고, 정치 지도자의 지시에 따라 만들어지기도 했으며, 관료의 교육을 위해 만들어지기도 했다. 따라서 사전들의 형태와 구성 요소는 모두 다를 수밖에 없었다. 이러한 차이를 편찬 목적의 관점에서 정의한다면, 사전은 그 자체로 '담론의 구성체'라고 볼 수 있다(장경식, 2021).

사전의 편찬 기준으로서의 담론

사전의 편찬은 사전마다 다른 편집 지침을 바탕으로 이루어진다. 백과사전의 편집 지침은 해당 사회의 주류 담론을 바탕으로 제정되기 마련이며, 편집 지침에 따라 백과사전이 다루고 있는 표제어가 달라진다. 즉 백과사전의 구조뿐 아니라 개별 항목 하나하나는 해당 사회의 담론, 또는 발간 주체가 강조하는 담론에 바탕을 두어 언술된 것이다. 미셸 푸코(Michel Foucault)는 어떤 사회에서 역사의 어떤 순간에 사회적 규칙을 제안하는 진술문의 생산에 관심을 기울이고, 이를 '담론의 실천(discursive practice)'이라고 불렀다. 담론은 두 가지 차원의 의미를 가지는데, 추상적인 의미에서 담론이란 '사회적 실천으로 인식되는 언어 사용'이며, 구체적인 의미에서는 '특정한 세계관하에서 경험을 의미화하는 방식'을 지칭한다. 구성하는 실천으로서의 담론은 노먼 페어클러프(Norman Fairclough)에 따르면 특히 사회적 정체성(social identity), 사회관계들, 그리고 지식과 믿음의 체계를 재생산한다는 점에서, 더 나아가 사회 변화를 야기한다는 점에서 구성적이다(박해광, 2007). 비약하자면 이렇게 생산되는 구성체 가운데 아마도 가장 크고 상징적인 덩어리로 사전을 들 수 있을 것이다.

시대의 표상으로서의 담론

근대 계몽주의를 이끌었던 드니 디드로(Denis Diderot)가 《백과전서(Encyclopedie, ou dictionnaire raisonne des sciences, des arts et des metiers)》(1750)에 중세 이후 학문 체계의 기본이었던 신학 · 법학 · 철학 · 의학에 더하여 새롭게 나타났던 과학과 기술 항목들을 신학과 대등한 위상으로 다루었을 때, 이는 그 내용보다도 구조에 의하여 당대의 종교적 권력에 대항하는 새로운 '담론'의 출현으로 표상되었다. 그 영향을 받아 스코틀랜드 에든버러에서 펴낸 《브리태니커 백과사전(Encyclopaedia Britannica)》(1768) 초판의 이름이 《브리태니커 백과사전; 또는 새롭고 완벽한 예술 과학 사전(Encyclopaedia Britannica; OR, A DICTIONARY OF ARTS and SCIENCES, COMPILED UPON A NEW PLAN)》이었다는 사실은, 그사이에 '예술(기술을 포함한)'과 '과학'이 신학 · 법학 · 철학 · 의학보다 더 가치가 있는 '최신 담론'으로 선호되기 시작했음을 보여 준다. 즉, 백과사전은 담론의 귀납적 결과물이면서, 또한 연역적으로 담론의 생산과 유통에 기여하는 네트워크의 한 중심이었던 것이다.

한국 사회를 구성했던 전통적인 대가족 제도와 전통문화가 점차 붕괴하고 서구식 부부 단위 중심의 소가족 제도가 태동하던 시기였으며, 서울을 중심으로 급격한 도시화가 진행되는 가운데 새롭게 밀려드는 서양 문명이 가정에도 영향을 미치기 시작한 1960년대에 발간되었던 《가정대백과사전》(삼중당, 1966) 역시 해당 시기의 담론이란 무엇인가를 보여 주는 좋은 사례다. 《가정대백과사전》의 서문에서는 이런 시대적 변화에 주목하면서, 생활 개선의 개념에서 올바른 가정 문화를 이루는 데 도움을 주기 위한 실용적 목적으로 이 책을 편찬했음을 밝혔고, 그 무렵의 사회상과 달리 한국 전통의 잔칫상 차림 대신 서양식 파티를 구성하는 법, 양식 먹는 법과 같은 미국식 예법을 '갖추어야 할 바람직한 교양'으로 설명하고 있다. 이는 당시 생활 개선 담론이 6 · 25 전쟁 이후 중국과 일본을 대신하여 급격하게 도입된 미국의 서구적 문화를 모델로 했기 때문이었다.

'민족주의'를 편찬의 기준으로 삼았던 《한국민족문화대백과사전》(한국학중앙연구원, 1988)의 편찬 동기가 내면적으로는 1978년 북한에서 펴내기 시작한 백과사전에 대한 체제 경쟁에서 비롯되었다는 것도 거의 공인된 사실이다. 당시 정치 지도자에 의해 강요된 '민족주의'라는 강력한 담론 체계가 편찬 지침에 반영되어, 백과사전 표제어에 외국인이나 외국 지명이 거의 포함될 수 없었던 사정이 지금에 와서는 눈에 띄는 결락으로 지적되고 있음은 참 안타까운 일이다. 사전의 편찬에 강력한 담론이 반영된 또 다른 사례로 《친일인명사전》(민족문제연구소, 2009)을 들 수 있을 것이다. 기준과 형평성에 대한 견해의 차이에 따라 발간 과정에서 논란이 거듭되었는데, 이는 민감한 경계선을 사이에 두고 있는 사회적 담론들 사이에 어떻게 갈등이 발생하고 어떻게 사회적 합의를 통해 수렴되어 가는지 볼 수 있는 사례이기도 하다.

언어 사전에서의 담론

언어 사전의 경우에도 편찬 주체의 담론은 그 사전의 존재가치를 증명하는 중요한 근거로 작동한다. 유재원의 《우리말 역순사전》(정음사, 1985)은 올림말의 배열 순서라는 거시 구조가 보여 주는 가치를 극단적으로 보여 준 훌륭한 모범일 것이다. 이 사전은 사전 표제어를 단어의 마지막 음절의 역순으로 배열하여, '나팔꽃/벚꽃/살구꽃', '국화/무궁화/수선화', '기와집/너와집/초가집' 등 접미사가 같아서 동일하거나 인접한 의미군을 이루는 낱말을 모아 볼 수 있는 유의어 사전의 한 방식을 보여 줌으로써, 한국어 어휘 구조의 특성을 이용한 보기 드문 거시 구조의 모범으로 평가받았다.

미국에서 가장 유명한 영어 사전인 《메리엄웹스터(Merriam-Webster)》의 첫 편찬자 노아 웹스터(Noah Webster)는 독립 전쟁을 전후하여 영국과 다른 미국어를 독립시키기 위한 고유의 철자법을 제안했고, 이를 《메리엄웹스터》 사전으로 발전시켰다. 이는 같은 언어라도 국가 담론이 반영되면서 새로운 언어 규범이 구조화의 과정을 거쳐 형성될 수 있음을 보여 주는 사례일 것이다. 해방 후 북한으로 간 언어학자 김수경과 같은 국어학자와 정치적 지도자의 주도 아래, 그때까지 한국어 표기의 관행이었던 두음 법칙의 폐기 등 새로운 언어 정책을 적용하여 편찬한 북한의 《조선어 소사전》(1956)과 《조선말 사전》(1962) 등은 같은 한국어라 하더라도 국가 담론에 따라 어떻게 다른 언어 규범이 형성되는지, 그리고 그 과정에서 사전이 어떤 기능을 수행하는지 잘 보여 주는 사례라고 할 수 있다(이상억, 1992; 板垣竜太, 2021).

언어 사전에서 편찬 주체의 담론이 개별 항목의 뜻풀이말과 같은 미시 구조를 통해서 발현되기도 한다. 사사키 겐이치(佐々木健一)의 《새로운 단어를 찾습니다(辞書なった男)》는 일본의 대표적인 국어사전인 《산세이도 국어사전(三省堂国語辞典)》과 《신메이카이 국어사전(新明解国語辞典)》을 만든 겐보 히데토시(見坊豪紀)와 야마다 다다오(山田忠雄)의 이야기를 다루고 있는데, 이 두 사전은 편찬자의 담론에 따라 같은 표제어의 풀이가 어떻게 극단적으로 달라질 수 있는가를 잘 보여 준다. 특히 야마다 다다오는 '사전은 문명 비판'이라는 신념을 바탕으로, 언어의 이면에 숨어 있는 본질적 의미를 드러내기 위한 색다른 풀이를 보여 주어 화제가 되었다. 예컨대 그는 '동물원'이라는 어휘의 뜻을 "생태를 대중에게 보여 주는 한편, 보호하기 위해서라고 하지만 잡아 온 많은 조수 · 어충 등에게 좁은 공간에서 생활할 것을 강요하며 죽을 때까지 기르는 인간 중심의 시설"(4판, 1989)이라고 풀이했던 것이다. 이런 풀이에 대해 동물원의 항의가 빗발치자, 야마다 다다오는 조금 양보하여 "포획한 동물들에게 인공적인 환경과 규칙적인 사료를 제공하며 야생으로부터 유리시킨 후, 도시인들에게 움직이는 표본으로 소개하는, 계몽을 겸한 오락 시설"(7판, 2011)이라고 수정하기도 했다.

이와 같이 모든 사전은 '담론의 구성체'라고 볼 수 있다. 인쇄 사전은 그 모두가 특정 분야에 대한 편찬 주체의 관점과 견해가 반영된 담론의 구성체였으며, '종이책'이라는 물성을 통해 그 담론의 총체와 함께 정체성의 존재감을 보여 주었다. 담론의 독자성을 유지하는 것이 사전의 유용성을 확보하는 방법이었기 때문에, 편찬자들은 저마다 고유한 담론 체계를 구성하여 지식을 정제하고 집약하는 방법을 찾기 위해 노력했다. 그 결과로 각각의 사전은 사회 속에서 다양한 담론의 출현을 가능하게 했고, 이들이 창출한 담론의 다양성은 세계를 바라보는 다양한 시선과 깊이를 독자와 사회에 제공해 왔다.

참고문헌

민족문제연구소(2009). 《친일인명사전》.

박해광(2007). “문화 연구와 담론 분석”. 《문화와 사회》, 2, 83~116쪽.

삼중당(1966). 《가정대백과사전》.

유재원(1985). 《우리말 역순사전》. 정음사.

이기형(2006). “담론분석과 담론의 정치학”. 《언론과 사회》, 14(3), 106~145쪽.

이상억(1992). “북한의 어휘 연구/사전 편찬”. 《어학연구》, 28(3), 599~619쪽.

이영목(2012). “백과전서와 계몽주의”. 《한국사전학회 학술대회 발표논문집》.

장경식(2021). “한국 현대 백과사전의 담론적 성격에 대한 시론 - 1950~1990년대 간행 인쇄본 백과사전을 중심으로”. 《한국사전학》, 37, 92~124쪽.

한국정신문화연구원(1988). 《한국민족문화대백과사전》.

板垣竜太(2021). 北に渡った言語学者: 金壽卿 1918-2000. 人文書院. 고영진·임경화 옮김(2024). 《북으로 간 언어학자 김수경》. 푸른역사.

佐々木健一(2016). 辞書になった男 ケンボー先生と山田先生. 文春文庫. 송태욱 옮김(2019). 《새로운 단어를 찾습니다》. 뮤진트리.

Law, J.(1992). Notes on the theory of actor network: Ordering, strategy and heterogeneity. *Systems Practice, 5*, pp.379~393. 홍성욱 엮음. (2010). 《인간·사물·동맹: 행위자 네트워크 이론과 테크노사이언스》. 이음.

04

디지털 시대의 사전

디지털 기술과 인터넷의 발달은 구글과 같은 검색 플랫폼과 위키피디아와 같은 유사 사전의 출현을 가능하게 하여, 사전의 운명에 급격한 변화를 가져왔다. 인터넷 검색을 통한 많은 지식과 정보에 대한 접근 가능성은, '오랜 시간을 통해 기획되고, 균형과 일관성이 있으며, 엄격하게 선정되고 편집된, 믿을 만한 지식 정보의 집적물'이라는 백과사전이 상대적으로 갖는 한계를 벗어났고, 전통적 사전의 생태계는 붕괴되었다.

AI와 사주?

사전은 디지털과 인터넷 시대를 맞아, 일반적인 도서와는 달리 직접적인 영향을 받았다. 디지털 시대 초기 과도적 매체였던 시디롬이 개발되면서, 사전의 많은 정보를 쉽게 담을 수 있는 매체로 채택되었고, 사전의 '물성'은 일반 도서와는 달리 그 대중적 효용을 급격하게 잃었다. 인터넷의 발달은 또한, 사전의 중요한 효용 중 하나인 '참조'에서, 사용자에게는 새로운 다른 통로를 제공했다. 인터넷 검색을 통한 많은 지식과 정보에 대한 접근 가능성은, '오랜 시간을 통해 기획되고, 균형과 일관성이 있으며, 엄격하게 선정되고 편집된, 믿을 만한 지식 정보의 집적물'이라는 사전이 상대적으로 갖는 한계를 벗어났다.

디지털 사전의 여러 유형

그동안 디지털 정보 통신 기술이 발달하면서, 지식과 정보를 전달하는 매체도 다중적, 동시적으로 진화했다. 요하네스 구텐베르크(Johannes Gutenberg)의 인쇄술이 책이라는 미디어의 보급을 촉진하면서 근대를 견인했던 선례에서 입증되었던 것과 같이, 하드웨어는 그 속에 담기는 소프트웨어뿐 아니라 그것에 반응하는 사람들의 행위인 휴먼웨어까지 상상 이상으로 변화시킨다. 지식과 정보를 전달하는 매체가 다중적으로 존재하는 오늘날을 흔히 '다중 매체 시대'라고 한다. 다중 매체 시대의 가장 큰 특징은 콘텐츠 전달 방식의 다변화, 중층화에 따라 사용자 환경이 대단히 풍부해졌다는 점이며, 니콜라스 네그로폰테(Nicholas Negroponte)가 일찍이 예언했던 것과 같은 '진정한 개인화'가 실현되었다는 것이다(Negroponte, 1995).

이에 따라 지식과 정보가 관행에 따른 일정한 형식과 표준에 바탕을 두어 가공되고, 공급자에 의해 정연하고 일방적인 방식으로 사용자에게 전달되었던 이전과는 전혀 다른 양상이 펼쳐졌다. 사전의 경우, 인쇄본 사전의 편찬과 같은 전통적인 편찬 과정을 충분히 거친 상태에서 디지털 매체에 탑재된 시디롬 사전이나 온라인 사전과 함께, 상호 작용과 집단 지성 기능을 보충하거나 아예 이를 기반으로 하여 만들어진 유사 사전인 위키피디아(Wikipedia)와 같은 다양한 정보 소통의 통로가 형성되었다.

디지털 사전의 정의로 흔히 인용되는 것은 영국 코벤트리대학교 교수로 전자사전 편찬 연구자인 힐러리 네시(Hilary Nesi)의 "단어의 철자, 의미 또는 사용법에 대한 정보를 제공하는 전자 형태로 저장된 모든 참고 자료"

(Nesi, 2000)다. 2022~2025년 국제사전학회(Globalex) 의장을 지낸 벨기에 겐트대학교 교수 질모리스 드슈라이버(Gilles-Maurice de Schryver)는 네시의 정의와 분류를 참고하되, 미래의 확장 가능성을 고려하여 사전에 접근하는 방식에 기반한 새로운 유형 분류를 제안했다. 그는 "누가 무엇에 어디에서 접근하는가?"라는 관점에서 접근 유형을 3단계로 구분했는데, 첫 번째 단계는 "누가 사전에 접근하는가?"로, 기계 또는 인간의 두 가지 접근 가능성을 제시했다. 두 번째 단계는 "무엇에 접근하는가?"로, 사전의 물성에 기반하여 인쇄 사전과 전자사전으로 구분했다. 세 번째 단계는 "어디에서 접근하는가?"로, 사전 데이터의 저장 유형을 구분하여, 종이와 같은 전통적인 매체나 이 매체의 자료를 보존하기 위해 촬영한 마이크로필름과 같은 아날로그 방식의 매체와, 디지털 기술이 반영된 매체로 구분했다. 디지털 매체는 독립형과 네트워크형으로 구분했는데, 독립형은 시디롬이나 흔히 손에 들고 다녔던 전자사전 단말기들을, 네트워크형은 인터넷과 같은 네트워크에 연결된 저장소와, 그 저장소에 접근할 수 있는 컴퓨터나 모바일 기기를 뜻하며, 로컬 영역의 인트라넷 네트워크에서만 접근할 수 있는 경우와 어디서나 접근할 수 있는 경우로 구분했다(De

Schryver, 2003).

오늘날까지도 여러 연구자에 의해 널리 인용되고 있는 네시의 정의를 인용하고, 드슈라이버의 유형 분류에 최근의 동향을 보강해 본다면, 사용자 편찬형 사전인 윅셔너리(Wiktionary)나 어반 딕셔너리(Urban Dictionary)도 디지털 사전에 포함할 수 있을 것이며, 더 나아가 말뭉치 기반 인공지능 기반 언어 사전인 테오 호펜베르크(Theo Hoffenberg)의 리버소 콘텍스트(Reverso Context) 역시 포함할 수 있을 것이다. 호펜베르크는 사용자 관점에서 사전의 정의를 새롭게 부여하기도 했는데, 이에 따르면 구글이나 생성형 인공지능과 같이 사용자가 언어 정보나 백과사전적 지식을 검색하여 답을 제공하는 모든 프로그램도 궁극적으로 사용자에게는 사전의 기능을 수행하는 것으로 볼 수 있을 것이다.

지식 포털과 사전 생태계의 붕괴

데이터의 성격과 매체의 형식이 마치 소설과 종이책의 관계처럼 일정 부분 고착되어 있었던 시대에는 사용자에게 별다른 주체적 선택의 여지가 없었다. 그러나 다중매체 시대의 사용자는 공급자 의도와는 달리 전혀 다른 각도에서, 또 주체적으로 지식과 정보를 해석하고 추출하며, 때로 전혀 새로운 효용을 생산해 낸다. 그런 의미에서, 공급자에 의해 규정된 매체들의 경계선은 사용자에 의해 휘발되거나 무시된다. 특별한 비용이 추가로 발생하지 않으면서 정보를 주고받을 수 있는 가장 단순한 플랫폼이 된 인터넷 공간에는 수많은 사이트, 블로그, 개인 홈페이지와 같은 쌍방향성 정보 소통의 장소들이 명멸하고 있다. 이들 속에 있는 지식이나 정보를 단일한 창구를 통해 찾아볼 수 있는 곳이 '지식 포털'이다.

지식 포털은 지식의 저장 · 검색 · 통합 · 창출을 지원하고, 지식을 조직하며 검색할 수 있는 서비스가 네트워크 기반으로 구성되어 있는, 보다 폭넓은 단일한 검색 엔진이나 관문을 의미한다. 한국에서도 이 개념은 여러 기관에 의해 직접적으로나 은유적으로 받아들여져 사용되어 왔다. 예컨대 2002년 개설되어 공공 기관 보유 정보를 제공하는 '국가지식포털'(http://data.go.kr, 지금은 '공공데이터포털'로 개칭)과 2007년 특허청에서 공개한 '한국전통지식포탈'(http://www.koreantk.com)은 정부 기관 주도의 지식 포털로 개설되어 운영되고 있다.

하지만 한국에서 보통 명사로서의 '지식 포털'은 대부분 네이버나 다음과 같은 포털 사이트를 지칭하는 경향이 있다. 이는 2002년 무렵부터 "지식백과"를 차별화된 용어로 내세웠던 이 두 포털 사이트에서 '지식 포털'이라는 용어가 연동되어 통용되면서 비롯된 것으로 보인다. 이때부터 역설적으로 '지식'이 아닌 '정보'가 '지식'의 대접을 받으면서 이 "지식백과"에 편승하게 되었으며, 또한 이 무렵부터 인터넷을 통한 쌍방향성이 '집단 지성'의 이름으로 새로운 지식 정보의 패러다임을 구축하기 시작했다.

이러한 지식 정보의 패러다임은 세계 모든 사람들이 지식을 공유하게 되었다는 점에서 지식의 민주주의 시대를 앞당긴 것으로 보이기도 하지만, 한편 많은 전문가들은 지식의 소유에 관한 불평등이 더욱 악화되고 있음에 주목하고 있다. 천정환은 출처와 의미와 유효성이 불분명한 지식과 정보들의 과잉인 '지식 기반 사회'에서 주목해야 할 것은 지식의 가치임을 강조하고 있으며(천정환, 2008), 문혜성은 인터넷을 통한 커뮤니케이션의 민주화가 이루어질 수 있을 것이라는 희망은 기술적인 가능성에 불과할 뿐, 사회 계층의 차이에 따른 불평등은 지속되고 있다는 점을 지적하고 있다(문혜성, 2004). 한편 지식 포털에서 그동안 간행되었던 사전류의 데이터를 통합 제공하기 시작하면서, 사용자들은 개별 인쇄 사전을 따로 구입하지 않게 되었다. 매출에 직접적인 타격을 받은 사전 편찬 출판사들은 개정 작업을 포기했으며, 사전 편찬자들은 인접 분야로 이직하게 되었다. 이에 따라 사회에 다양한 담론의 구성체를 제공하던 사전의 생태계는 오래지 않아 거의 붕괴 상태에 이르렀고, 지식 포털에 탑재된 수많은 사전 데이터들은 극히 일부를 제외하고는 개정되지 않은 상태가 지속되어 시의성을 상실하게 되었다.

한국에는 "홍수가 나면 먹을 물이 없다"는 오래된 속담이 있다. 지식의 홍수 시대를 맞은 지금, 이 속담은 여전히 유효하다.

참고문헌

문혜성(2004). 《미디어 교육학》. 한국방송영상산업진흥원.

천정환(2008). 《대중지성의 시대》. 푸른역사.

De Schryver, G. M.(2003). Lexicographers' Dreams in the Electronic-Dictionary Age. I*nternational Journal of Lexicography, 16*(2), pp.143～199.

Negroponte, N.(1995). *Being Digital.* Alfred A. Knopf. 백욱인 옮김(1999). 《디지털이다》. 커뮤니케이션북스.

Nesi, H.(2000). Electronic Dictionaries in Second Language Vocabulary Comprehension and Acquisition: the State of the Art. *Proceedings of EURALEX 2000*, pp.839～847.

05
인공지능 시대의 도래

인공지능은 좁은 범위의 생활 편의성 향상에서 시작하여 급기야 생성형 인공지능을 통해 인간과 대화가 가능한 수준에까지 이르렀다. 명령어만 주어지면 대화뿐 아니라 문학 작품이나 논문도 집필하고 이미지와 동영상까지 만들어 내는 이 놀라운 생성형 인공지능 발달의 추세에 주목하여, 어떤 미래학자들은 의사와 법률가, 기자와 소설가, 광고 카피라이터나 영상 제작자와 같은 특정 직업군의 소멸까지 예측하고 있다.

AI와 아이돌?

인공지능은 인간과 유사한 문제 해결 능력을 갖춘 컴퓨터 시스템을 의미한다. 인공지능 개념이 본격적으로 제시된 1950년대 이후, 인공지능은 인류의 과학이 도달할 수 있는 궁극의 모델로 상상되어 왔다. 인공지능은 흔히 약한 인공지능(Narrow AI)과 강한 인공지능(Strong AI), 인공 일반 지능(Artificial General Intelligence, AGI)으로 구분한다. 약한 인공지능은 검색 엔진이나 내비게이션, 자율 주행, 챗봇과 같이 제한된 범주 안에서 데이터를 분석하고 패턴을 학습하여 작업을 수행하는 인공지능으로, 아직까지 개발된 인공지능은 대부분 이 범주에 속한다. 강한 인공지능은 인간의 지능과 같거나 초월하는 수준의 인공지능으로, 자의식과 감정까지도 가능하다고 여겨지는 수준을 의미하며, 인공 일반 지능은 인간 수준의 지능으로 새로운 상황에 적응할 수 있는 학습력을 가진 수준을 말한다.

인공지능의 역사

인공지능은 인간의 오랜 상상력에 기원을 두고 있지만, 구체적으로는 앨런 튜링(Alan Mathison Turing)의 '튜링 테스트(Turing Test)'에서 출발했다고 봐도 될 것이다. 튜링 테스트는 인간과 기계의 구분을 위한 테스트로, 튜링은 튜링 테스트를 통해 인공지능이 기계와 인간을 구분할 수 없는 수준으로 발전할 수 있을 것이라고 예측했다. 튜링 테스트는 한 관찰자가 동시에 인간과 기계를 상대하여 자연어로 대화를 나누면서, 어느 쪽이 기계인지를 판단하도록 구성되는데, 만일 관찰자가 기계를 인간으로 판단한다면 그 기계는 인간과 구별할 수 없는 지적 능력을 확보했다고 간주하는 것이다. 처음에는 텍스트 기반 대화를 바탕으로 했던 튜링 테스트는 시각 요소 및 청각 요소까지 포함하는 형태로 발전했으며, 이후 인공지능의 발전을 측정하는 도구로도 널리 사용되었다.

1956년 다트머스 회의(Dartmouth Conference)에서 '인공지능'이라는 용어가 처음 사용되면서 인공지능에 대한 학술적 연구가 시작되었다. 이듬해 프랭크 로젠블랫(Frank Rosenblatt)이 퍼셉트론(Perceptron) 모델을 통해 컴퓨터의 패턴 인식과 학습 가능성을 보여 주었다. 이후 인공지능 기술은 1990년대까지는 특별한 진전이 없어 상상의 산물로만 기억되었다. 하지만 약한 인공지능 기술, 특히 내비게이션과 같이 좁은 범주의 인공지능은 지속적인 발전이 이루어졌다. 1970년대 들어 미국 국방부에 의해 위성 항법 시스템(GPS)이 개발되었고, 1980년대에 민간의 GPS 사용이 가능해지면서 민간업체에서 내비게이션 기기 개발이 시작되었다. 2000년대 들어 차량용 내비게이션 기기가 대중화되었고, 2000년대 중반에는 광범위하게 보급된 스마트폰에서도 사용할 수 있는 앱이 개발되면서, 실시간 교통 정보를 반영하는 기술과 함께 소요 시간 예측과 최적 경로의 선택도 가능해졌다. 이 기술은 자율 주행 차와 같이 무인 기기와도 결합되어 인공지능의 가장 대중화된 모델로 인식되었다.

한편 1990년대 중반 인터넷이 대중화되면서 대량의 데이터를 기반으로 한 머신 러닝(Machine Learning) 개념이 발전했다. 이에 따라 인공지능이 스스로 규칙을 발견하고 데이터를 학습할 수 있게 되면서 제2의 도약이 이루어지기 시작했다. 2000년대에 들어서서 반도체 용량과 속도가 비약적으로 증가하는 추세를 바탕으로, 제프리 힌턴(Geoffrey Everest Hinton)이 인공 신경망 기반 머신 러닝 방법인 딥 러닝(Deep Learning) 기법을 구현하여 인공지능의 질적 도약을 이루었다. 제프리 힌턴은 2024년 인공 신경망을 통한 기계 학습 연구에 대한 공로를 인정받아 노벨 물리학상을 받았다.

알파고와 챗지피티, 인공지능의 일상화

2016년, 구글 딥마인드(Google DeepMind)에서 개발한

바둑 인공지능 프로그램인 알파고(AlphaGo)가 한국의 프로 기사 이세돌에게 4승 1패의 전적으로 승리를 기록했다. 딥 러닝 기반 인공지능으로, 기보 학습과 자체 대국을 통해 비약적으로 기능이 향상된 알파고가 당대 세계 최상위권의 실력을 가졌던 이세돌에게 승리하면서, 무한한 수가 가능하여 기계가 절대로 인간에게 이길 수 없는 종목이라고 알려졌던 바둑마저도 인공지능에게 제압당하는 첫 사례로 기록되었다. 이 사건은 오랫동안 미래학의 영역이었던 인공지능이 현실적으로 구현 가능한 수준에 이르렀다는 것을 모든 사람에게 각인시키는 상징적인 계기가 되었다. 알파고는 후속 버전인 알파고 마스터와 알파고 제로까지 개발된 후 2017년 5월 공식적으로 은퇴했는데, 그때까지 68승 1패의 전적을 기록했다. 다른 프로 기사들이 알파고에게 단 1승도 거두지 못하면서, 역으로 이세돌은 알파고에 1승을 거둔 유일한 프로 기사로 기록되기도 했다.

2022년 말, 오픈에이아이(OpenAI)에서 개발한 대화형 인공지능 챗지피티(ChatGPT)가 공개되자 사람들은 인간과 자연어로 대화가 가능한 인공지능에 열광했다. 챗지피티는 GPT(Generative Pre-trained Transformer) 모델을 기반으로 하고, 딥 러닝을 통해 인간의 피드백을 반영하여 학습하는 인공지능으로, 2023년에는 이미지 생성이 가능한 인공지능이, 2024년에는 동영상마저도 명령어에 따라 만들어 주는 인공지능이 공개되었다. 2024년 5월 사람과 음성으로 대화가 가능한 GPT-4o가 공개되었으며, 7월에는 '서치지피티(SearchGPT)'라는 이름의 검색 엔진이 공개되었다. 서치지피티는 자연어 대화 방식으로 인터넷에서 관련 정보를 찾아 제시하는 기능을 갖고 있어 기존의 검색 엔진을 대체할 수 있는 기능을 보여 준다. 챗지피티의 검색창 아래 아이콘을 클릭하여 대화 방식으로 검색을 할 수 있으며, 요청하는 경우 복수의 출처 링크와 관련 이미지와 지도, 그래프 등 멀티미디어 자료를 제시하는 기능도 제공되었다. 그리고 2025년 8월에는 이 모든 기능을 통합 제공하고 응답 수준도 조절할 수 있는 GPT-5가 공개되었다.

인공지능의 미래, 지식의 미래

챗지피티는 자연어 처리를 기반으로 하기 때문에 인간과 유사한 대화 능력을 갖추고 있어 다양한 주제에 대한 대화가 가능하고, 글쓰기뿐 아니라 코딩과 같은 다양한 작업을 수행할 수 있으며, 이전 대화 내용을 기억하고 맥락을 파악하여 연속적인 대화가 가능하다는 점에서 놀라운 발전을 보여 주었다. 명령어만 주어지면 대화뿐 아니라 문학 작품이나 논문도 집필하고 이미지와 동영상까지 만들어 내는 이 놀라운 생성형 인공지능 발달의 추세에 편승하여, 어떤 미래학자들은 의사와 법률가, 기자와 소설가, 광고 카피라이터나 영상 제작자와 같은 특정 직업군의 소멸을 예측하기도 했다.

2024년이 지나기 전에, 크롬(Chrome)이나 마이크로소프트 에지(Microsoft Edge)와 같은 인터넷 브라우저에 인공지능 기능이 탑재되었고, 몇몇 스마트폰 모델에서도 인공지능을 활용할 수 있게 되었다. "사용자가 문맥에 따라 단어나 표현의 올바른 의미나 번역을 찾도록 돕는 것"이라는, 사전에 대한 테오 호펜베르크(Theo Hoffenberg)의 정의에 따른다면, 사용자에게 인공지능이 사전의 기능을 대신하는 유력한 도구로 받아들여질 가능성도 충분히 예견되었다. 아니나 다를까, 지난 10년 동안 디지털 산업계에 신뢰할 만한 통계 지표를 제공해 왔던 데이터리포탈(Datarepotal)은 2025년 4월 발표한 보고서에서 시밀러웹(Similarweb)의 통계 자료를 바탕으로 유명 참조 사이트의 방문자 감소에 대한 분석 결과를 공개했다.

이에 따르면, 세계에서 가장 오랜 전통과 명성을 자랑

하는 브리태니커(Britannica.com)의 방문자는 2022년 3월 6,950만 명에서 2025년 3월 4,740만 명으로 32% 감소했으며, 지난 25년 동안 세계에서 가장 대중적인 지식 공유 사이트였던 위키피디아(Wikipedia.org)의 방문자 역시 지난 3년 동안 매달 11억 명 이상 줄어들면서 23%나 감소했다. 질의응답 방식으로 지식을 제공하는 온라인 백과사전 레퍼런스닷컴(Reference.com)의 월간 방문자 수는 2022년 3월 1,070만 명에서 2025년 3월 73만 명으로 급격하게 줄어, 사실상 그 대중적 효용을 상실했다.

더 놀라운 것은, 2025년 3월 위키피디아의 순방문자가 여전히 챗지피티(ChatGPT.com)보다 2.5배 많았음에도, 전체 방문자 수는 챗지피티가 위키피디아보다 5억 명이나 많았다는 사실이다. 순방문자 수에 비해 방문자 수가 많다는 것은 사용자의 만족도가 높아서 한 사람이 하루에도 여러 번 챗지피티를 찾았음을 뜻하는 것으로, 챗지피티와 같은 인공지능의 사용자층이 좀 더 확대된다면 위키피디아를 압도할 날이 멀지 않았음을 보여 준다.

이와 같은 추세에 의하면, 사용자들이 사전 형태로 다듬어진 지식을 찾기보다 자신이 원하는 형태로 지식을 수집하여 가공해 주는 인공지능의 답변을 더 선호하게 되었음을 미루어 짐작할 수 있다.

참고문헌

Crawford, K.(2021). *Atlas of AI: Power, Politics, and the Planetary Costs of Artificial Intelligence.* Yale University Press. 노승영 옮김(2022). 《AI지도책-세계의 부와 권력을 재편하는 인공지능의 실체》. 소소의 책.

Harari, Y. N.(2018). *21 Lessons for the 21st Century.* Jonathan Cape. 전병근 옮김(2018). 《21세기를 위한 21가지 제언》. 김영사.

Slator(2022. 6. 24) Reverso CEO Theo Hoffenberg on Building Language Technology Used by Millions. https://slator.com/reverso-ceo-theo-hoffenberg-on-building-language-technology-used-by-millions/

Kemp, S.(2025). Digital 2025: Exploring trends in Wikipedia traffic. Datareportal. https://datareportal.com/reports/digital-2025-exploring-trends-in-wikipedia-traffic

06
생성형 인공지능의 특성

생성형 인공지능은 제공되는 데이터를 자기 학습을 통해 분류한 후, 사용자의 질문에 대응하는 정보를 추출하여 인간 언어, 이미지, 영상 등 다양한 형태로 제공하는 기능을 갖고 있다. 그러나 생성형 인공지능이 생성하는 결과의 신뢰도에 대한 의문은 지속되어 왔다. 가장 큰 문제는, '환각'과 같은 오류를 포함하여 생성형 인공지능이 결과를 출력해 내는 알고리즘을 인간이 정확하게 알 수 없다는 점이다.

AI와 야구?

많은 사람들이 열광하고 있는 인공지능이 사전을 대신할 수 있을까? 사실 디지털 시대의 사전에 대한 논의는 무수히 이루어져 왔다. '사전'의 정의조차 "어떤 범위 안에서 쓰이는 낱말을 모아서 일정한 순서로 배열하여 싣고 그 각각의 발음, 의미, 어원, 용법 따위를 해설한 책"(《표준국어대사전》)이라는 고전적인 개념 대신 "특정한 맥락에서 사용자가 최적의 언어적 선택을 내릴 수 있도록 도와주는 도구의 하나"(Theo Hoffenberg)라는 사용자 관점의 개념이 새롭게 제시되는 상황이다. 대화 형태로 인간에게 정보와 지식을 제공하는 생성형 인공지능(Generative Artificial Intelligence)은 이러한 디지털 시대의 궁극적인 상징이자, 실존하는 모델로 주목받고 있다. 생성형 인공지능은 과연 무엇이며 어떤 기능을 제공하고, 인간 생활에 어떤 의미로 작동하고 있는지를 살펴보자.

통계적 언어 모델과 신경망 언어 모델

생성형 인공지능은 대규모 데이터를 학습하여 각 데이터의 특성에 유사한 형태로 새로운 콘텐츠를 생성하는 인공지능을 말한다. 한국의 〈인공지능 발전과 신뢰 기반 조성 등에 관한 기본법〉에서는 "입력한 데이터의 구조와 특성을 모방하여 글, 소리, 그림, 영상, 그 밖의 다양한 결과물을 생성하는 인공지능시스템을 말한다"라고 규정하고 있다(제2조 5항). 여기서 '데이터'는 〈데이터 산업진흥 및 이용촉진에 관한 기본법〉에 "다양한 부가가치 창출을 위하여 관찰, 실험, 조사, 수집 등으로 취득하거나 정보시스템 및 소프트웨어 등을 통하여 생성된 것으로서 광(光) 또는 전자적 방식으로 처리될 수 있는 자료 또는 정보"를 뜻한다(제2조 제1호).

생성형 인공지능은 텍스트뿐 아니라, 영상을 포함한 이미지의 생성이 가능할 뿐 아니라, 음성 인식과 재생 기능을 통해 인간과 직접적인 대화도 가능하다. 생성형 인공지능은 크게 두 단계로 발전해 왔다. 초기의 통계적 언어 모델(Statistical Language Model)은 텍스트 데이터를 학습한 후, 주어진 질문에 대하여 통계적 방법을 토대로 가장 적절한 다음 단어의 발생 확률을 계산하여 문장을 생성하는 방식으로 작동했다. 즉, 학습한 데이터에 있는 예문들을 분석해서, 일정하게 배열된 어떤 단어의 배열 다음에 통계적으로 가장 많이 나왔던 단어의 배열을 가장 적절한 응답이라고 판단하고 연결하여 문장을 구성하는 방식이었다. 이 방식의 맹점은, 학습한 데이터에 등장하지 않거나 통계적으로 확률이 적은 문장을 구성하지 못한다는 것이었다. 이를 '희소 문제(sparsity problem)'라고 하는데, 이는 특히 학습한 데이터의 양이 충분하지 않을 경우에 나타난다.

이런 결점을 해결하기 위해 고안된 방법이 인간의 뉴런을 모델로 개발한 신경망 언어 모델(Neural Network Language Model)이다. 신경망 언어 모델은 입력층(input layer), 은닉층(hidden layer), 출력층(output layer)으로 구성된다. 입력층과 출력층 사이에 있는 은닉층은 복수로 존재할 수 있으며, 각각 복수의 신경망으로 구성되고, 입력된 데이터에서 특징과 패턴을 추출한 후 출력층에게 전달하여 결과를 생성하도록 한다(서지영, 2024). 신경망 언어 모델은 데이터 속 언어의 유사성과 인접성을 포함, 인간의 언어 기능이 작동하는 방식에 따라 결과를 생성할 수 있도록 함으로써 통계적 언어 모델의 한계를 넘었다는 평가를 받았다. 신경망 언어 모델은 이후 여러 방식으로 개발되었는데, 거대 규모 데이터로 학습한 경우를 거대 언어 모델(Large Language Model)이라고 한다. 대중적으로 가장 잘 알려진 거대 언어 모델이 바로 오픈에이아이(OpenAI)의 지피티(GPT) 시리즈다.

생성형 인공지능의 의미

생성형 인공지능의 등장은, 주어진 조건에서 인공지능이 스스로 판단·결정할 뿐 아니라 정보를 무한 생성하는 시대를 열었다. 그 개념적 가능성과 미래를 미리 예단하기는 쉽지 않으나, 현재 예측할 수 있는 범주 내에서의 인공지능은 사실, 단순하게 말해 '자의식'을 갖지 않은 한 인간과 같다고 볼 수 있다. 이제까지 공개된 생성형 인공지능은 학습한 데이터에서 질문의 의도에 부합한 정보만을 수집해 이를 마치 사람이 만든 것처럼 문장이나 이미지, 동영상으로 가공하여 제시한다. 이런 점에서 인공지능은 제공된 모든 데이터를 학습한 인간과 유사하다. 차이가 있다면, 인공지능은 자기 성찰에 대한 인식이 없으며, 수집한 데이터 자체의 오류에 대해서도 판단할 만한 능력을 갖추지 않았다는 점이다. 그럼에도 테오 호펜베르크(Theo Hoffenberg)의 정의에 따른다면, 이론적으로 보아 인공지능은 충분히 사전의 대체물로 기능할 수 있을 것이다. 인공지능은 흔히 사전학에서 말하는 '말뭉치'에 해당하는 다량의 데이터를 학습할 것이며, 그 데이터 가운데 통계적으로 가장 많이 사용되는 용례를, 또는 신경망 분석을 통해 데이터 속에서 가장 적절하다고 판단된 단어의 배열을 풀이말로 제시할 가능성이 높기 때문이다. 따라서 더 사전적으로 오류가 적은 인공지능을 개발하기 위해서는 인공지능이 학습할 데이터에 더 풍부하고 더 잘 편찬된 사전들이 포함될 필요가 있다. 다양한 담론을 바탕으로 편찬된 개별적인 사전들은 분명 인공지능의 능력을 키우는 데 큰 도움이 될 것이다.

산수를 잘한다고 하여 수학을 이해하는 것은 아니다

그럼에도 불구하고 생성형 인공지능이 생성하는 결과의 신뢰도에 대한 의문은 지속되어 왔다. 가장 큰 문제는, 생성형 인공지능이 결과를 출력하는 알고리즘을 인간이 정확하게 알 수 없다는 것이다. 챗지피티가 같은 질문에도 늘 미세하게 다른 결과를 내는 까닭이 바로 그 때문이다. 또한 그 결과에 포함되어 있는 환각(hallucination)도 여전히 문제로 남아 있는 상황이다. 인공지능 자신은 물론이요, 사용자도 비교해 볼 만한 다른 준거가 없거나 논리적 판단력을 갖고 있지 않을 경우 환각의 존재를 의심하기 어려울 가능성이 높다. 하지만 아쉽게도 학습이 완료되어 공개된 인공지능은 새로운 데이터로 다시 학습하기 전까지는 환각을 포함한 오류들을 수정할 수 없다. 인공지능이 그런 결과를 생성한 알고리즘을 인간이 역추적하는 일이 불가능하기 때문이다.

계산기는 세상 그 어떤 사람보다도 산수를 잘하지만, 사람처럼 수학을 이해하는 것은 아니다. 마찬가지로 생성형 인공지능이 상식적 질문에 그럴듯한 답을 제시한다고 해서 사람과 동일한 방식으로 추론한다는 의미는 아니다. 인공지능은 한 사람이 천 번을 살면서 읽을 수 있는 양보다 많은 자료를 읽었고, 그래서 겉으로는 상식적으로 추론하는 것처럼 보여도, 실제로는 천문학적 규모의 방대한 텍스트 말뭉치에서 패턴 매칭을 하는 것과 비슷하게 작동한다. 이런 언어 모델에게 더 많은 데이터를 제공한다면 더 나은 대답을 할 수 있을 것이다. 하지만 데이터 바깥세상에 대한 내적 모델과 같은 정신화의 혁신을 통합하지 않으면 인간의 지능에 대한 본질적인 것을 담아낼 수 없을 것이다(Bennett, 2023).

유발 하라리(Yuval Noah Harari)가 우려하는 것이 바로 이 지점이다(Harari, 2018). 생성형 인공지능은 학습한 데이터의 범주와 규모 안에서 마치 인간의 뇌를 해킹하듯 작동한다. 학습한 데이터 안에 포함되어 있는 무수한 왜곡과 편견, 때로 서로 모순되는 주장, 혐오와 차별의 관점, 인간의 저열한 감정을 겨냥한 선정주의, 서로 층위가 다른 담론 자체도 인공지능은 편견 없이 분석하고 알고리즘을 통해 추출하여 결과를 제시한다. 이에 따라 인간이 통상적으로 원하는 그럴듯한 이야기, 때로 데이터를 조합하여 생성한 환각까지도 결과로 제시된다. 그러다 보면, 인간과 사회의 운명을 좌우하는, 때로 민주주의 자체를 위태롭게 할 수 있을 수많은 결정이 그 논리 구조가 밝혀지지 않은 채 사용자에게 제시되는 웃지 못할 상황이 벌어질 것이다.

참고문헌

서지영(2024). 《랭체인으로 LLM 기반의 AI 서비스 개발하기》. 길벗.

Bennett, M. S.(2023). *A Brief History of Intelligence: Evolution, AI, and the Five Breakthroughs That Made Our Brains.* HarperCollins. 김성훈 옮김(2025). 《지능의 기원》. 도서출판 길벗.

Harari, Y. N.(2018). *21 Lessons for the 21st Century.* Jonathan Cape. 전병근 옮김(2018). 《21세기를 위한 21가지 제언》. 김영사.

Slator(2022. 6. 24) Reverso CEO Theo Hoffenberg on Building Language Technology Used by Millions. https://slator.com/reverso-ceo-theo-hoffenberg-on-building-language-technology-used-by-millions/

07
인공지능과 데이터

인공지능은 다량의 데이터를 기반으로 구축된다. 데이터는 인공지능이 어떻게 운용될 것인가를 가늠하는 인식론적 경계를 의미한다. 구조화된 데이터와 구조화되지 않은 데이터가 있는데, 각각 응답 결과의 논리적 체계를 구축하고, 풍부한 맥락 정보를 제공하는 데 도움이 되어, 인간과 소통할 때의 풍부한 상호 작용을 가능하게 한다. 그러나 데이터의 분류와 해석에서의 왜곡과 편향, 데이터 자체의 오류는 피하기 어려운 것이 현실이다.

AI와 윤동주?

생성형 인공지능이 인간과 다른 점은 의식이 없다는 것이다. 인공지능은 자신이 몇 살인지, 자신의 학력이 얼마나 되는지 스스로 알지 못한다. 다만 인간이 제공하거나, 인간이 인공지능에게 부여한 범주 내에서 수집 가능한 데이터를 학습하고, 그를 바탕으로 인간의 질문에 응답을 생성하는 것이다. 따라서 인공지능에게는 데이터의 범위와 정확성과 보편성이 매우 중요하다. 달리 말하면, 데이터가 없으면 학습할 수도, 응답할 수도 없으며, 데이터가 왜곡되어 있으면 왜곡된 응답을 제시할 수밖에 없다.

데이터 분류와 편향

현대의 인공지능은 다량의 데이터를 학습하여 구축된다. 데이터의 규모가 클수록, 고품질일수록, 다양할수록 인공지능의 결과에 대한 신뢰도가 높아진다. 데이터에는 일정하며 체계적으로 구조화된 데이터와 구조화되지 않은 데이터가 있다. 구조화된 데이터는 법령, 사전, 연표와 같이 일정한 형식을 갖추고 있으며 균질하게 가공된 데이터로, 명확하게 사전에 정의된 형식으로 존재하며 검색 가능한 데이터 유형을 의미한다. 구조화되지 않은 데이터는 그 밖의 경로를 통해 수집된 다양한 형태와 방식의 데이터를 말한다. 구조화된 데이터는 응답 결과의 논리적 체계를 구축하는 데에 도움이 되며, 구조화되지 않은 데이터는 풍부한 맥락의 정보를 제공하는 데 도움이 된다. 이 두 가지의 데이터가 다량으로 확보되어 학습되었을 때, 인공지능과 인간이 소통하는 과정에서 더욱 풍부한 상호 작용을 가능하도록 한다. 말하자면, 좋은 데이터가 충분히 제공되었을 때 인공지능은 좋은 대화 상대일 뿐 아니라 신뢰할 만한 정보 제공자의 구실을 수행할 수 있을 것이다.

인공지능이 이렇게 이상적인 데이터 학습을 통해서 구현된다면 얼마나 아름다운 일일까. 하지만 케이트 크로퍼드(Kate Crawford)는 인공지능의 실상이 그렇지 않음에 주목했다(Crawford, 2021). 케이트 크로퍼드는 마이크로소프트(Microsoft) 연구소 선임 수석 연구원이자 프랑스 고등사범학교 초빙 석좌 교수이며, 뉴욕대학교 인공지능연구소를 설립하고 기계학습재단 국제연구단을 이끈 인공지능 연구자였지만, 곧 인공지능의 실상을 밝히고 사회적 영향을 예측하는 쪽으로 관심 분야를 전환했다. 그이는 인공지능의 배후에는 거대한 물질의 세계와 자본주의적 욕망이 작동하고 있음을, 그리고 방대하고 왜곡된 데이터가 인공지능의 학습을 위해 비윤리적인 방식을 통해 수집되고 있음을 다양한 실증적 근거와 통찰을 통해 고발했다.

케이트 크로퍼드는 인공지능이 천연자원, 연료, 인간 노동, 하부 구조, 물류, 역사, 분류에 바탕을 두고 있음을 밝히면서, 네바다의 리튬 광산, 유타의 데이터 센터, 뉴저지의 아마존 물류 센터, 필라델피아 펜실베이니아대학 인류고고학박물관, 뉴욕의 스노든 자료실과 같은 방대한 현장을 찾아 알고리즘 · 데이터 · 클라우드와 같은 인공지능의 토대에 대해 연구했다. 그이에 의하면, 데이터가 이해되고 수집되며 분류되고 명명되는 방식은 기본적으로 세계 만들기(world-making)의 행위다. 데이터를 수집하고 분류하는 일은 겉으로는 순수한 기술적 행위를 가장하지만, 실상은 사회적 · 정치적 편향이 개입되며, 이런 데이터로 학습한 인공지능은 어떤 집단에게는 이익을, 어떤 집단에게는 피해를 가져오는 결과를 낳는다. 인공지능의 학습 대상인 데이터는 인간 사회를 쉽게 파악하는 방식의 하나로 관행적으로 적용되어 왔던, 인종 · 계급 · 성별 · 장애 · 연령 등과 같은 범주로 분류된다.

이런 분류 체계는 마치 자연적이고 고정된 것으로 이해되지만, 정보를 학습하고 응답을 제시하는 인공지능에 의해 왜곡과 편향으로 나타나며, 때로는 폭력과 억압을 은폐한 채 정당화하는 논리로 이용된다는 것이다. 특정 대기업의 직원 채용 과정에서 인공지능을 이용해 업무 적합도를 판단하도록 한 사례는 이와 같은 편향과 왜곡이 실제 인간 생활에 제도적으로 반영될 수 있음을 보여 준다. 그이는 기계 학습에 제공되는 데이터의 문제를 지적하며, 사회적 맥락이 소거된 데이터가 가져올 편향과 부작용, 그리고 그 데이터를 바탕으로 제시되는 응답의 신뢰성에 대해 우려했다. 공개된 많은 생성형 인공지능이 같은 질문에 저마다 다른 응답을 보이는 이유가 바로 서로 다른 데이터와 알고리즘 때문일 것은 분명하다. 그리고 그 데이터와 알고리즘을 사람이 추적할 수 없다면, 그 응답을 신뢰하기 어렵다는 것 역시 자명한 일일 것이다.

데이터 수집과 윤리

2024년 12월 공개된 딥시크(DeepSeek) V3 모델은 인공지능에 관심이 있는 많은 사람들에게 큰 화제였다. 중국 저장성 항저우에 본사가 있는, 같은 이름의 인공지능기업 딥시크에서 개발한 이 오픈소스형 생성형 인공지능은 챗지피티(ChatGPT)와 같이 이미 명성을 날리고 있던 인공지능 모델과 견줄 수 있을 정도의 우수한 성능을 보여 주었다는 점에서, 하지만 이들보다 훨씬 저사양의 GPU(graphic processing unit) 반도체를 사용했다는 점에서 주목과 찬탄의 대상이 되었다.

모든 것에는 빛과 어둠이 있는 법, 2025년 초에 이르러 딥시크의 사용자가 급증하기 시작했는데, 곧 두 가지 문제가 대두되었다. 딥시크는 중국어뿐 아니라 한국어 등 다른 언어권 사용자들도 이용할 수 있었는데, 질문하는 언어에 따라 답변의 내용이 달라지는 경향이 있음이 밝혀졌고, 곧 딥시크가 생성하는 응답에 중국 정부의 통제가 반영되었을 것이라는 추정이 제기되었던 것이다. 예컨대 딥시크에 "김치의 원산지는 어디인가"라고 한국어로 물으면 "한국의 문화와 역사가 깃든 대표적인 음식"이라고 답하지만, 같은 취지의 질문을 중국어로 물으면 "김치의 원산지는 한국이 아닌 중국"이라고 응답했던 것이다. 이는 이미 케이트 크로퍼드가 우려했던 바, 데이터 분류와 알고리즘의 어느 과정에서 관리자의 개입이 가능함을 방증하는 것으로, 인공지능이 학습한 데이터뿐 아니라, 인공지능을 관장하는 주체에 의해서도 정보의 왜곡이 가능하다는 것을 입증하는 사례였다.

다른 하나는 딥시크가 사용자의 개인 정보를 과도하

게 수집할 뿐만 아니라, 수집한 개인 정보를 중국 정부에도 제공할 가능성이 있다는 문제였다. 보도에 따르면, 딥시크의 이용 약관에 사용자의 개인 정보나 입력한 데이터가 중국 내 서버에 저장되고 중국 법률에 따라 중국 정부의 요청에 의해 제공할 수 있게 되어 있었다. 또한 챗지피티, 클로바엑스(CLOVA X) 등 여타 생성형 AI 서비스와 달리 개인을 식별할 수 있는 키보드 입력 패턴 등을 수집하고 중국 업체 서버와 통신하는 기능을 포함하고 있는 것으로 밝혀졌다. 이에 따라 사용자가 입력한 모든 정보가 딥시크의 학습 데이터로 활용될 뿐만 아니라, 사용자의 이용 정보를 광고주와 제한 없이 공유하고 보관할 수 있도록 되어 있었다. 2025년 2월, 한국 정부에서는 각급 정부 기관에 딥시크 차단을 지시했고, 민간 기업에서도 정보 유출의 가능성을 이유로 딥시크 사용을 제한하게 되었다.

데이터 자체의 오류와 왜곡

인터넷을 통해 쌍방향 소통이 가능한 현대에 이르러, 인터넷을 통해 수집 가능한 데이터의 증가는 기하급수적이며 통제 불능인 양상을 보인다. 이런 상황에서 인공지능이 학습을 위해 수집하는 데이터를 인간이 일일이 분류하거나 제어하지 못할 수도 있다. 그렇다면 이런 데이터를 통해 학습하는 인공지능은 데이터의 오류와 왜곡, 편향에서 자유로울 수 있을까.

실상은 그렇지 않았다. 미국 매사추세츠공과대학(MIT) 미디어랩 연구진의 연구에 의하면, 온라인의 거짓 뉴스는 진실보다 더 빨리, 더 광범위하게 전파된다(Vosoughi et al. 2018). 연구진은 뉴스의 확산을 추적하기 위해 2006년부터 2017년까지 트위터(Twitter, 현 X)에서, 공통의 단일 출처에서 비롯된 126,000개의 소문 확산 패턴 사례를 연구했다. 이 연구에 의하면, 거짓 뉴스의 상위 1%는 1,000명에서 100,000명 사이의 사람들에게 퍼졌지만, 진실은 1,000명 이상에게 퍼지는 경우가 거의 없었으며, 거짓이 트위터에서 리트윗될 가능성이 진실보다 70% 더 높았고, 거짓 뉴스는 진실보다 약 6배 더 빨리 1,500명에게 전달되었다. 또한 테러 · 자연재해 · 과학 · 금융 정보에 대한 거짓 뉴스보다 정치 관련 거짓 뉴스가 훨씬 빠르게 확산되었는데, 정치는 혐오 · 공포 · 분노 같은 격렬한 감정을 유발하기 때문이라고 분석되었다. 거짓 뉴스는 대부분 온라인 커뮤니티를 통해 확산되는데, 이들은 개인적 주장이 검증 없이 강화, 공명, 확장되는 공간이므로 주류 언론과 학계의 사실 확인이 반영될 여지가 없었다. 결론적으로, 온라인에서 거짓은 진실보다 빠르고, 깊고, 널리 전파되는데, 이 모든 거짓이 포함된 데이터가 인공지능의 학습 대상에 포함되는 것이다.

참고문헌

Crawford, K.(2021). *Atlas of AI: Power, Politics, and the Planetary Costs of Artificial Intelligence.* Yale University Press. 노승영 옮김(2022). 《AI 지도책: 세계의 부와 권력을 재편하는 인공지능의 실체》. 소소의책.

Vosoughi, S. et al.(2018). The spread of true and false news online. Science. https://www.science.org/doi/10.1126/science.aap9559

08
사전과 인공지능의 상호 작용

인공지능의 발달 과정에서 인문학과 사전학 연구자는 인공지능의 가능성에 대해 초기부터 민감하게 대응했다. 디지털 인문학은 언어 사전과 같은 기본적인 언어 정보 데이터와 백과사전과 같은 기본적인 지식 정보 데이터가 인공지능의 발달에 기여할 수 있을 것으로 여겼고, 사전 편찬자는 인공지능 기술이 사전 편찬에도 도움을 줄 수 있을 것으로 기대했다.

AI와 한의학?

2010년대 중반, 독일 슈피겔지의 기자였던 토마스 슐츠(Thomas Schulz)는 구글에 대한 오랜 취재 끝에 구글이 꿈꾸는 미래에 대한 이야기를 전했다. 그는 구글 엔진의 알고리즘을 담당하는 내부자와의 인터뷰를 통해, 구글이 인간과 컴퓨터 간의 상호 반응이 가능하도록 하는 것, 그래서 인간과 컴퓨터의 자연스러운 대화가 가능하도록 하는 데 깊은 관심이 있다는 것을 소개했다. 이는 구글이 개발하고 있는 지식 그래프에 의해 가능해지는데, 컴퓨터가 단답형 정보의 제공뿐 아니라 추상화 능력을 기르고 복잡한 관계를 이해하는 일까지 가능할 것이라는 예측이었다(Schulz, 2015). 이것이 지금의 생성형 인공지능을 뜻하는 것은 자명하다. 이런 가운데에서, 사전학계를 포함한 인문학 연구자들은 새롭게 주목받기 시작한 인공지능을 포함한 지식 산업의 급격한 변화에 대응하기 위해 노력했다.

디지털 인문학

그 초기의 대응을 대표하는 것이 디지털 인문학(Digital Humanities)이었다. 디지털 인문학은 정보 통신 기술(Information and Communication Technology)의 도움을 받아 새로운 방식으로 수행하는 인문학 연구와 교육,

그리고 이와 관계된 창조적인 저작 활동을 일컫는 말이다. 이것은 전통적인 인문학의 주제를 계승하면서 연구 방법 면에서 디지털 기술을 활용하는 연구, 그리고 예전에는 가능하지 않았지만 컴퓨터를 사용함으로써 시도할 수 있게 된 새로운 성격의 인문학 연구를 포함한다(김현 외, 2016). '디지털 인문학'이라는 용어 혹은 담론은 2008년 미국의 국립인문학기금(National Endowment for the Humanities) 산하에 디지털인문학부(Office of Didital Humanities)가 설치된 이후 미국과 유럽을 중심으로 확산되기 시작했으며, 한국에서는 2010년 무렵을 전후하여 인문학 연구에 디지털 기술을 활용하는 개념으로 받아들여지면서 사용되기 시작했다(유제상, 2015).

인문학이 일반적으로 인간의 삶을 탐구하는 학문의 영역이라고 본다면, 디지털 인문학은 인문 정보와 관련된 방대한 아카이브를 다루는 문제, 인문 정보의 중개와 재현의 문제를 전제로 한다(유제상, 2015). '인문 정보학'은 디지털 인문학의 한 분야로, 디지털 인문학을 위한 기술적 방법론을 탐구하는 학문이다. 디지털 인문학의 담론은 이와 같이 인문학 연구를 위한 기술적 방법론이자, 교육의 방법, 인문 정보학을 통해 구축되는 자료 아카이브로 구체화된다. 백과사전적 아카이브(Encyclopedic

Archives)는 디지털 인문학이 창출하는 인문 지식의 '원천 자료'이자 그 지식의 진실성을 입증하는 '증거'인 '실물 자료' 데이터가 광대한 인문 지식 네트워크의 노드(node)로 존재하는 세계다(김현 외, 2016).

디지털 인문학에서는 시맨틱 웹 기술을 기반으로 흩어져 있는 지식의 조각들을 연결해 '보다 전문적인 지식'에서 '그 지식의 근거가 되는 원천 자료'로의 연계가 가능하도록 하는 것을 전제로 한 디지털 시대 백과사전 아카이브를 실행 가능한 주요 성과로 삼았다. 구체적으로 데이터 기반 인문 지식 백과사전의 구성은 데이터 네트워크 형태의 백과사전, 지식과 자료를 넘나드는 융합 콘텐츠, 가상 현실에서 지식을 탐구하는 시각적 체험 공간, 집단 지성의 기여로 확장되는 개방적 데이터의 형태로 구현될 것으로 상정했다(김현 외, 2016). 디지털인문학에서는 이런 목적을 위해 사전을 포함한 인문학 데이터를 인공지능 시대에 적합하도록 구조화하는 방법에 대해서 연구하기도 했다(김바로, 2021). 이와 같은 인문정보학 관점의 연구들이 초기의 생성형 인공지능 발전에 일정 부분 기여한 바 없지는 않았을 것이다. 그러나 챗지피티를 포함한 최근의 생성형 인공지능이 거대 언어 모델(Large Language Models)과 딥 러닝(Deep Learning)

을 통해 대부분 구조화되지 않은 데이터를 대상으로 발전했음에 비추어 볼 때, 기술적 가능성은 이미 수공업적 기술 구조에 기반을 둔 상상의 한계를 높이 뛰어넘은 듯 보인다. 디지털 인문학의 관점도 이제는 인공지능과 인간에 대한 인문학적 통찰의 차원으로 이동할 필요가 있을 것이다(장경식, 2022).

인공지능을 이용한 사전의 편찬

한편 챗지피티가 공개되자 사전학계에서는 사전 편찬을 위한 인공지능의 활용 가능성에 대하여 연구하기 시작했다. 특히 언어 사전 편찬에서, 오랫동안 사전 편찬을 위한 기초 자료로 활용되어 온 실증적 언어 용례의 거대 데이터였던 '말뭉치'를 대체하여, 생성형 인공지능이 이미 학습한 거대 데이터에서 신규 표제어를 추출하는 것과 같은 탐색이 시도되기도 했다(박광길, 2023; 정한데로, 2023). 생성형 인공지능에 대한 적응이 어느 정도 이루어진 최근에는, 의도에 적합한 결과를 이끌어 내기 위한 프롬프트 엔지니어링 기술에 익숙해진 연구진이 사전의 풀이말을 포함한 미시 구조를 인공지능을 통해 기술하려고 시도하기도 했다(Lew, 2023; Rundell, 2024; 유세인, 2025). 이런 여러 연구를 통해 사전 편찬에서 생성형 인공지능의 활용 가능성 수준을 확인할 수 있었다는 점, 향후 인공지능 기술과 사전 편찬을 위한 프롬프트 엔지니어링 기술의 발전에 따라 그 결과물의 품질이 더욱 향상될 수 있을 것이라는 예측도 가능해졌다(곽숙영, 2025). 그럼에도 다음의 두 가지 의문을 지울 수 없는 것도 사실이다.

첫째, 인공지능의 거대 언어 모델이 학습한 데이터와 전통적인 의미의 말뭉치는 같은 것인가?

사전 편찬에서 '말뭉치'란, 특정 시기와 집단의 실증적 언어 용례를 다량으로 수집해 구축한 데이터를 의미한다. 말뭉치는 1960년대 들어 언중의 실제 사용 언어를 사전 편찬과 언어 연구에 사용하기 위한 목적으로 구축되기 시작했으며, 1980년대 들어 컴퓨터와 데이터 처리 기술의 발전에 따라 규모가 급속도로 확대되었다. 그 이전까지는 사전을 만들기 위해 표제어 단위로 카드를 만들어 풀이말을 기록하는 방식에 머물러 있었지만, 말뭉치가 구축되면서 실제 사용 언어를 기반으로 한 '말뭉치 언어학'이 발전하게 되었고, 그 결과를 바탕으로 사전 편찬이 가능해졌던 것이다. 말뭉치는 실제 사용된 언어 사례를 모은 것이라는 점에서, 그리고 그 개별 사례와 분석 과정을 사전 편찬자가 일정한 규칙과 목적 아래 관리하고 통제할 수 있다는 점에서, 다량이며 무작위로 투입되어 인간의 직접적인 통제 범위를 넘어서기 마련인 인공지능의 학습 데이터와는 근본적인 차이가 있을 수밖에 없다.

둘째, 인공지능이 생성한 풀이말과 용례가 말뭉치 기반의 풀이말이나 용례와 같은 의미를 가질 수 있을 것인가?

사전의 한 표제어에 해당하는 구조를 미시 구조라고 한다. 미시 구조는 표제어, 정의, 품사, 풀이말, 용례 등으로 구성된다.

인공지능은 일정하게 배열된 어떤 단어의 배열 다음에 통계적으로 가장 많이 나왔던 단어의 배열을 가장 적절한 응답이라고 판단하고 연결하여 문장을 구성하거나(통계적 언어 모델), 학습한 데이터 속 언어의 유사성과 인접성을 포함, 인간의 언어 기능이 작동하는 방식에 따라 결과를 생성하는 방식으로 결과를 생성한다(신경망 언어 모델). 그런 과정을 거쳐 인공지능은 그럴듯한 풀이말과 용례를 생성할 것이다. 그 과정에서 적용된 개별 사례 및 작동하는 알고리즘을 사람이 확인할 수 없다.

사전 편찬이란 어떤 언어에 대한 의미를 일정한 담론에 바탕을 두어 정의하고, 실제 사용된 용례 가운데, 해당 정의에 부합하는 용례를 선정하여 제시하는 과정이다. 전통적인 어원 중심의 사전에서는 어휘의 기원과 변화 과정을 기반으로 어형과 어의의 변천을 풀이말에 담은 후 그에 적합한 용례를 제시하고, 말뭉치 기반의 사전에서는 시대별 사용 빈도에 따라 어형과 어의의 변천을 풀이말에 담고 말뭉치에서 선정한 용례를 제시하는 것이 일반적이다. 이처럼 전통적인 사전은 실제 사용된 용례라는 '사실' 자체에 기반을 두고 이를 그대로 인용했다는 점에서 사용자의 신뢰를 받아 왔다.

이에 반해 인공지능은 인간이 확인하기 어려운 알고리즘을 통해 풀이말과 용례를 생성한다는 점에서, 그 결과를 전통적인 사전과 같은 수준으로 신뢰하기는 어려울 것으로 보는 것이 타당할 것이다.

그럼에도 남는 질문

이런 의문들에도 불구하고, 만일 사용자가 적절한 프롬프트를 제시할 경우 인공지능이 사전학적으로 일관성과 신뢰성이 있는 결과를 '사전의 형태'로 제시할 수 있다면 우리는 이를 어떻게 이해해야 할까? 예컨대 인공지능이 생성한 풀이말과 용례를 인간 편찬자가 일일이 확인한 결과, 그 신뢰도가 전통적 사전의 신뢰도에 견줄 정도로 향상되었다면 우리는 이 사전을 전통적인 사전과 같은 수준으로 받아들일 수 있을까?

“(사전은) 특정한 맥락에서 사용자가 최적의 언어적 선택을 내릴 수 있도록 도와주는 도구의 하나”라고 말한 테오 호펜베르크(Theo Hoffenberg)의 정의에 따른다면, 편의성을 선호하는 사용자에게는 충분히 인공지능이 사전의 대체품으로 기능할 수 있을 것이다. 그러나 인공지능이 생성한 사전은 투입된 모든 개별 데이터가 내포하고 있던 다양한 담론의 사회적 가치를 휘발시킬 것 역시 분명하다. 극단적이지만, 이미 1948년 조지 오웰(George Orwell)은 소설 《1984》에서 정보의 독점이 구현된 전체 사회를 풍자적으로 제시한 바 있다.

참고문헌

곽숙영(2025). “대규모 언어 모델 시대에서 한국어 사전학의 새로운 가능성과 과제”. 《고려대학교 개교 120주년 기념 글로벌 한국학 국제학술대회 발표논문집》, 205~216쪽.

김바로(2021). “인공지능 시대의 사전과 데이터”. 《동양학》, 84, 219~240쪽.

김현 외(2016). 《디지털 인문학 입문》. 한국외국어대학교 지식출판원. 235~271쪽.

박광길(2023). “생성형 AI를 활용한 신어 연구 과제에 대한 고찰”. 《한국연구》, 14, 133~165쪽.

박치완 외(2015). 《디지털 인문학이란 무엇인가》. 꿈꿀권리.
유세인(2025). "생성형 AI를 활용한 신어 표제어의 미시 구조 기술". 《2025년 제45차 한국사전학회 학술대회 발표논문집》.
유제상(2015). "인문학을 위한 디지털 플랫폼". 《디지털 인문학이란 무엇인가》. 꿈꿀권리.
이재연 외(2019). 《세계 디지털 인문학의 현황과 전망》. 커뮤니케이션북스.
장경식(2022). "디지털 인문학 시대 백과사전의 역할". 《디지털 인문학과 사전》. 단국대학교출판부.
정한데로(2023). "'생성 AI 화자'의 단어 형성 – 'ChatGPT', 'Bard', 'CLOVA X'를 대상으로". 《한말연구》, 64(54), 1~26쪽.
De Schryver, G-M.(2023). Generative AI and Lexicography: The Current State of the Art Using ChatGPT. *International Journal of Lexicography, 36*(4), pp.355~387.
Lew, R.(2023). ChatGPT as a COBUILD lexicographer. *Humanities and Social Sciences Communications, 10*, 704.
Rundell, M.(2024). Automating the Creation of Dictionaries: Are We Nearly There?. *Humanising Language Teaching, 26*(1).
Schulz, T.(2015). *Was Google wirklich will.* Deutsche Verlags-Anstalt. 이덕임 옮김(2016). 《구글의 미래》. 비즈니스북스.

09
인공지능 시대의 지식

지식 개념은 시대와 사회에 따라 다양하게 변주되어 왔다. 근대 인식론 이후 실증주의를 바탕으로 증명 가능한 과학적, 논리적 지식을 추구했으며, 20세기 후반에 들어서는 구성주의 인식론을 바탕으로 지식의 상대주의적 관점이 대두되었다. 그런 모든 과정에서 인간은 지식의 유일한 생산자로 인정받았다. 그러나 21세기 들어 등장한 생성형 인공지능은 지식의 유일한 생산자였던 인간의 위상에 의문을 제기하고 있다.

AI와 화장품?

인공지능 이전까지의 지식 개념은 시대와 사회에 따라 다양하게 변주되어 왔다. 중세 이전까지의 지식이 기독교 신앙을 중심으로 이루어졌다면, 근대 인식론 이후에는 실증주의를 바탕으로 증명 가능한 과학적 · 논리적 지식을 추구했으며, 20세기 후반에 들어서는 구성주의 인식론을 바탕으로 지식의 상대주의적 관점이 대두되었다. 그런 모든 과정에서 인간은 지식의 유일한 생산자로 인정받았다. 인류 역사를 통해 축적된 다양한 지식과 정보를 해석하고 새로운 지식을 생산할 수 있다는 점에서 인간은 유일한 존재였다. 그러나 21세기 들어 등장한 생성형 인공지능은 지식의 유일한 생산자였던 인간의 위상에 의문을 제기하고 있다. 행위자 네트워크 이론(Actor-Network Theory, ANT)은 지식 생산자로서의 인공지능이 인간과 동일한 위치에 있음을 이해할 수 있는 사유의 틀을 제공해 준다.

전통적 지식의 개념들

근대 인식론에서의 지식이 과학적, 객관적, 논리적 차원에 머물렀다면, 20세기 후반의 인지 과학에서는 지식을 더 다양한 차원에서 논의하고 있다. 마이클 폴라니(Michael Polanyi)는 지식을 두 가지 차원, 형식지

(explicit knowledge)와 암묵지(tacit knowledge)로 구분했다(Polanyi, 1966). 형식지는 주로 언어에 의해 전달할 수 있는 지식을, 암묵지는 행위나 참여를 통해 표현할 수 있는 지식을 가리킨다. 존 앤더슨(John R. Anderson)은 지식의 차원을 명제의 형태로 표현되는 선언적 지식(declarative knowledge)과 자전거를 타거나 피아노를 치는 방법과 관련된 절차적 지식(procedural knowledge)으로 구분했다(Anderson, 1983). 선언적 지식은 보통 어떤 사실에 대해 기술하고 있는 지식을 말하며, 의미론적 기억과 일화적 기억을 포함한다. '구명복은 물에 빠졌을 때 인명을 구하기 위해 입는 옷이다'라는 것이 의미론적 기억이고, '나는 제주도 가는 페리호에서 구명복을 입어 보았다'는 일화적 기억이다. 절차적 지식은 '구명복을 입을 때에는 몸에 맞게 조이고, 배의 갑판에서 물로 뛰어내릴 때 부풀려서 구조대를 기다린다'는 것과 같이 실제로 자신이 행할 일의 절차와 의미를 몸에 익히는 지식이다. 조건적 지식(conditional knowledge)은 선언적 지식과 절차적 지식을 언제, 왜 사용해야 하는지를 이해하는 것으로, '배가 기울고 있으니 구명복을 입어야 하고, 입은 뒤에는 더 기울기 전에 탈출해야 한다'를 조건에 따라 스스로 판단하고 실행할 수 있는 지식이다. 구체

적으로 인지적 지식 체계가 발전되어 간다는 것은 명시적인 지식(형식지)을 암묵성이 높은 지식(암묵지)으로, 그리고 단편적인 지식(혹은 요소적 지식)들을 엮어서 체계화된 지식(혹은 구조적 지식)으로 전환해 나가는 것을 의미한다. 선언적 지식과 절차적 지식을 거쳐 조건적 지식을 이해하여 이를 학습자 스스로 판단하고, 주체적으로 실행할 수 있게 하는 것이다. 구성주의는 또한, 지식에 대한 절대적 관점을 해체함으로써, 급속도로 다변화되는 사회 환경에 적응하고자 현행 국가 교육 과정에서 채택한 기본 개념이기도 하다. 이에 따라 1997년의 제7차 교육과정 이후 지금에 이르기까지 비판적 · 창의적인 사고에 기반한 학습자의 자기주도적인 학습 능력이 강조되어 왔다.

인공지능은 이른바 집단 지성의 산물

근대 인식론 이후 마치 정설처럼 여겨졌던 지식의 개념에 대한 새삼스러운 질문이 제기된 것은 사실 인터넷 시대에 들어서였다. 인터넷은 지식이 존재하는 공간의 개념에 대한 혁신적인 변화를 가져왔던 것이다. 인터넷에는 《브리태니커 백과사전(Encyclopaedia Britannica)》과 같이 전통적이며 오랫동안 신뢰를 받았던 대표적인 지식의 덩어리도 탑재되어 그 지식에 쉽게 접근할 수 있게 되었다. 한편, 위키피디아와 같이 다양한 사람이 각각 자신의 지식을 기술한 유사 백과사전, 또는 지식 공유 사이트도 개설되었고, 구글과 같이 인터넷에서 접속이 가능한 거의 모든 데이터에 접근할 수 있도록 검색을 도와주는 검색 엔진도 대중화되었다. 이에 더하여 전통적 뉴스 미디어들에서 공급되거나 하위 미디어들, 또는 포털 사이트에 의해 재생산되는 시의성 정보와 그에 대한 사용자 반응까지도 검색이 가능하게 되었다.

이런 환경에서, 사용자들에 의해 그 가치와 신뢰성에 대한 판단이 매번 필요한, 불균질하고 검증되지 않은 개별 정보의 덩어리를 '지식'이라고 부르기 시작하면서 '지식'이라는 말이 고유하게 갖고 있던 가치가 빛이 바래기 시작했다. 정보의 현재성이나 분량에서 분명 지식 포털, 검색, 유사 백과사전 등 백과사전형 검색 서비스가 일정한 담론을 바탕으로 비평적인 관점을 통해 편찬된 전통적인 단일 사전보다 월등하게 우세하다는 점은 "양이 질을 담보한다"는 논리에 기대어 설득력을 얻었고, 드디어 백과사전과 유사 백과사전의 경계도 희미해졌다. '정보'와 '지식', '지식'과 '지성'의 경계가 모호해지면서, 옥석을 구분하는 일 자체가 무의미하게 되었으며, 드디어는 '지식 검색'을 통해 찾아진 모든 것은 '지식'이라고 간주되는 경지에까지 이르게 되었다.

마이클 하트(Michael Hardt)와 안토니오 네그리(Antonio Negri)는 이렇게 공유된 지식을 '무리 지성(swarm intelligence)'이라고 표현하면서 열대 지방의 흰개미를 사례로 들었다. 그들은 개별 흰개미들의 지능은 미미하지만 협력을 통해 보여 주는 흰개미들의 놀라운 건축 기술을 증거로 제시하면서 인간들도 정보 혁명을 통해 집합적 지혜를 통해서 놀라운 창조성을 보여 줄 것이라고 말했다. 특히 흰개미들이 높이 세운 개미집 안의 네트워크에 관심을 기울였다(Hardt & Negri, 2000).

데이비드 와인버거(David Weinberger) 역시 인터넷 시대가 가져온 지식 인프라의 변화가 지식의 형태와 본질을 어떻게 바꿀 것인가를 집요하게 추적했다(Weinberger, 2012). 그는 개별 지식을 무상으로 언제나 무한하게 호출할 수 있게 된 지금, 진정한 지식은 개별 지식 그 자체가 아니라, 그것의 검증이 가능하며 의미 있는 확장과 연결이 가능한 '지식의 네트워크'라고 주장했다. 즉, 네트워크화한 지식이 우리를 지식에 대한 진실에 가깝게 다가가게 해 주고 있다는 것이다. 한편 그는 두 가지 중대한 위험이 수반될 수 있음을 경고했다. 첫째, 우리가 찾고자 하는 것을 찾지 못하는 경우, 둘째 원하던 내용이 아닌데도 마음을 뺏길 수밖에 없는 너무나 매력적인 쓰레기들과 마주치는 경우다. 그는 정보 과잉 문제의 해결책으로 메타데이터를 만드는 것을 제시했다. 즉 정보를 객관적으로 평가하고 거를 수 있는 효과적인 방법들이 필요하다는 것이다. 사실 데이비드 와인버거가 기대한 것은 인터넷을 통한 메타데이터 형성이었겠지만, 지금은 생성형 인공지능이 그 역할을 하게 된 것이라고 볼 수 있다.

생각의 근육을 키우는 것이 지식이다

지금-여기의 사용자에게 인공지능은 모든 지식이 저편에 있는 마법의 문과 같이 여겨질 것이다. 사용자가 몇 마디 주문을 하면, 문을 지키고 있는 지니와 같은 마법사가 해당되는 지식과 정보를 모아 입맛에 맞게 가공하여 접시에 담아 대령하기 때문이다. 우리가 생각할 것은, 사용자에게 이것이 과연 진정으로 도움이 될 것인가 하는 질문이다.

이른바 집단 지성이라고 하는 위키피디아의 문제점과 한계에 대해서는 이미 오래전부터 논의가 진행되어 온 바 있다. 전문가와 비전문가를 막론하고 누구나 익명으로 집필자와 편집자가 될 수 있는 위키피디아의 태생적 특징은, 한편으로 위키피디아의 신뢰성에 대한 근본적인 회의를 낳기도 했다. 그 대표적인 사례로 오스트레일리아의 인지 과학자이며 철학자인 데이비드 차머스(David Chalmers)의 경우를 들 수 있다.

심리 철학과 언어 철학 연구자로서 의식의 문제와 철학적 좀비 사고 실험을 대중화하여 이미 30대에 현대 심리 철학을 대표하는 철학자의 반열에 올랐던 차머스는 2005년 위키피디아에 수록된 자신의 생애와 활동 내용에서 부정확하거나 오래된 정보들을 발견했다. 차머스는 이를 계기로 집단 지성의 상징으로 떠오르고 있던 위키피디아와 같은 온라인 정보 소통 과정에서 오류가 어떻게 파생되고 확산되는지 관심을 갖게 되었다. 그이는 오류를 수정하는 과정을 기록하기로 하고, 의도적으로 자신의 이름을 숨긴 채 위키피디아에 있는 오류들을 바로잡았다. 일부 내용들은 그대로 유지되었지만, 철학적 이론에 대한 부분에서 그가 변경한 내용들은 다른 편집자의 반발을 불러일으켰고, 그들은 다시 부정확한 내용으로 수정했다. 차머스는 토론방을 열고 익명으로 참여하여 자신이 편집한 내용에 대해 설명했는데, 자신에 비하면 당연히 비전문가임이 틀림없을 다른 토론자들의 반박을 받는 곤혹스러운 상황을 맞았다. 물론 차머스가 자신의 이름을 밝히고 참여했다면 이런 상황에 이르지는 않았을 것이라는 반론이 없지 않았지만, 이 사례 자체는 디지털 문화를 기반으로 형성된 집단 지성의 구조와 한계를 보여 주는 대표적인 에피소드로 전해지고 있다.

집단 지성이 만든다는 유사 사전인 위키피디아에서 이와 같은 편향과 왜곡의 문제가 지속적으로 제기되어 온 것과 같이, 위키피디아와 같이 공개된 무작위 데이터를 학습한 인공지능에도 유사한 문제가 없을 리 없을 것이다. 그러니, 흰개미의 비유에 대해 좀 낮은 수준에서 비판을 해 보자. 첫째, '무리 지성'을 통한 흰개미의 지능과 창조성이 오랜 시간 동안 발전한다면 언젠가 높이 550m의 롯데타워를 세울 수 있게 될 것인가? 둘째, '무리 지성'을 통해 학습된 전체 무리의 창조성과 집합적 지혜가 개별 흰개미의 지능을 점진적으로 높여 줄 것인가?

인공지능 시대일수록, 스스로 질문하고 확인하여 생각의 근육을 키울 필요가 있다. 그것을 아는 것이 지식이다.

참고문헌

Anderson, J. R.(1983). *The architecture of cognition*. Harvard

University Press.
Hardt, M. & Negri, A.(2000). *Empire*. Harvard University Press. 윤수종 옮김(2001). 《제국》. 이학사.
Polanyi, M.(1966). *The Tacit Dimension*. Routledge and Doubleday and Company. 김정래 옮김(2015). 《암묵적 영역》. 박영사.
Weinberger, D.(2012). *Too Big to Know: Rethinking Knowledge Now That the Facts Aren't the Facts, Experts Are Everywhere, and the Smartest Person in the Room Is the Room*. Basic Books. 이진원 옮김(2013). 《지식의 미래》. 리더스북.

10
인공지능 시대, 사전의 가치

인공지능은 21세기 들어 디지털 시대 지식 혁명의 궁극적인 모델로 각광받기 시작했다. 한편, 백과사전이나 언어 사전은 오랫동안 사용자들에게 신뢰할 만한 정선된 지식을 제공해 왔다. 과연 생성형 인공지능은 사전을 대체하여 그 가치를 사용자들에게 제공해 줄 수 있을까? 아마도 인공지능은 다양한 측면에서 인간 생활에 편의성을 제공할 수 있겠지만, 적어도 전통적 사전이 제공하던 지식의 신뢰성과 다양한 담론의 가치를 대체할 수는 없을 것이다.

종교와 AI?

인공지능 시대를 맞아 우리는 지식에 대하여, 그리고 사전에 대하여 보다 근본적인 질문을 제기하고 있다. 무엇이든 이미 알려진 것은 항상 체계적인 것으로, 또 증명되고 자명한 것으로 인식된다. 낯선 지식 체계는 반대로 하나같이 모순된 것으로, 증명되지 않은 것으로, 비실용적이거나, 공상적이거나 불가사의한 것으로 보인다(Burke, 2000). 그러므로 이 작은 책에서 제기하는 인공지능과 사전에 대한 질문들 역시 새로운 체계에 대한 본능적인 경계심의 소산일 수도 있다. 그럼에도 자칫하면 역사의 저편으로 밀려날 수 있을 사전의 가치를 다시 한번 살펴보고자 한다.

지식의 덩어리, 사전의 문화

사전과 백과사전은 17~18세기에 들어 큰 사업이기도 했다. 이미 이 무렵에 '지식'을 판매하는 것이 사업적으로 가능하다는 인식이 있었고, 폭발적으로 증가하는 근대 지식을 모으고 편집하여 펴내는 것 자체가 중요한 사업으로 대두되었던 것이다. 같은 시기 중국의 백과사전은 관리들의 업무를 도우려고 제작되었다(Burke, 2000). 사전은 이처럼 근대 문명을 형성하는 데 기여했을뿐더러, 지식을 조합하는 방식을 통해 지식과 교육의 체계를 확립하는 바탕으로도 작동했다. 또한 다양한 담론의 구성체로서 가시적인 모범을 제시하면서 사회 안에 형성된 다양한 가치관의 실체를 경험할 수 있도록 한다는 점에서도 20세기까지 바람직한 행위자로 기능했다.

인터넷을 통한 지식 공유의 방식이 다변화되기 시작한 2000년대 이후, 특히 한국에서는 지식 포털에서 백과사전을 포함한 다양한 사전류의 데이터를 통합 제공하기 시작하면서 상황이 급변했다. 인터넷에서 사전을 찾아볼 수 있고, 관련된 자료를 검색할 수 있게 되면서 사용자들은 개별 인쇄 사전을 따로 구입할 필요를 느끼지 않게 되었다. 매출에 직접적인 타격을 받은 사전 편찬 출판사들은 개정 작업을 포기했으며, 오래 훈련되었던 대부분의 사전 편찬자들은 인접 분야로 이직할 수밖에 없었다. 1990년대부터 2010년대 중반까지만 해도 매년 300종 내외의 인쇄 사전이 신간이든 개정판이든 출간되었지만, 네이버로 대표되는 지식 포털에서 전략적으로 거의 모든 사전들을 수집하여 사용자에게 무료로 제공하기 시작한 2010년대 중반 이후 출간 사전 수는 30% 이상 감소했다. 급기야 2019년에 이르러서는 절반이 못 되는 127종이 출간되어 온라인 사전의 도래가 사전 출판 생태계를 위축시킬 것이라는 오래된 예측을 방증해 보였다(도원영 외, 2020). 사전이 제공했던 다양한 담론의 세계도 이제 가시적인 존재감을 잃게 되었다. 지식 포털에 더하여 인공지능이 지식의 생태계에 새로운 화두를 제시하고 있는 지금, 사전의 가치를 다시 생각해야 하는 이유는 무엇일까?

좋은 사전이 좋은 인공지능을 만든다

인공지능은 거대 언어 모델을 학습하여 형성된다. 그 거대 언어 모델은 대개 위키피디아와 같이 인터넷으로 수집 가능한 데이터들로 구성되어 있다. 2018년 노벨 물리학상 수상자였던 캐나다의 물리학자 도나 스트리클런드(Donna Strickland)의 경우, 노벨상을 받기 전에는 위키피디아에 항목이 존재하지 않았다. 2010년 이후, 전 세계 위키피디아 편집자의 90% 이상이 남성이었다는 점을 환기해 보면 당연한 일일 것이다. 위키피디아는 이처럼 성별 · 언어 · 국적 · 성향 등에 많은 편향과 왜곡의 가능성을 갖고 있음에도, 다양한 사람이 참여하며, 형식적이지만 근거를 제시한다는 가정 아래 많은 사람들이 참조 자료로 활용한다. 그리고 이 자료가 그대로 인공지능의 데이터에 포함되는 것이다. 케이트 크로퍼드(Kate Crawford)는 초기 인공지능의 데이터로 용의자와 재소자의 머그 숏 데이터가 활용되었음을 지적했다 (Crawford, 2021). 그이에 의하면, 인공지능 개발 초기의 개발자들은 데이터 확보에 많은 어려움을 겪었다. 그래서 그들은 기술 설명서, 동화, 레이저 기술 특허, 맹인용 점자책, 연구원들의 이메일, 연방 반독점 소송 증인의 증언 녹취록, 다우존스 뉴스 기사들을 데이터로 삼았고, 이 역사와 맥락이 뒤섞인 데이터를 바탕으로 인공지능을 훈련시켰다. 인터넷이 대중화된 1990년 중반에 이르러서는 수집할 수 있는 모든 데이터를 활용하기 시작했다. 출처가 불분명하고 맥락도 다른 데이터들이 학습의 대상이 되었으며, 때로 저작권이나 개인 정보의 경계를 넘는 데이터도 휩쓸려 들어가기 마련이었다. 이런 의미에서 좋은 사전을 다양하게 만들고 합법적으로 인공지능의 데이터로 활용되도록 하는 것은 인공지능의 수준을 높이는 지름길일 것이다.

확인을 위한 근거로서의 사전

인공지능에 의한 이러한 급격한 변혁의 과정에서 가장 큰 이익을 얻는 사람은 누구일까? 현대 정보 사회를 비판적 관점에서는 인지 자본주의라고 부른다. 인지 자본주의는 정보와 지식이 새로운 부의 창출에 중요한 역할을 하는 자본주의 사회다. 자본은 이렇게 지식과 정보를 이용한 새로운 시장을 새롭게 창안하는 데 골몰한다. 한편, 국가 권력과 자본에 의한 감시와 통제는 자본주의 사회에서 일상적으로 이루어진다. 사이버스페이스는 네트워크를 통해 정보의 교환이 이루어지며, 이곳에서는 전자 기술을 활용한 감시와 통제가 일상적으로 이루어질 수 있다(백욱인, 2013). 사용자는 인공지능이 갖고 있을 이런 배경에 대한 비판적 시각을 늦추어서는 안 된다. 또한 인공지능 모델은 매우 강력하지만, 여전히 한계가 존재한다. 이러한 한계를 인식하고 적절히 대응해야 한다. 인공지능이 제공하는 분석 결과는 항상 맥락과 함께 신중하게 해석해야 한다. 즉 인공지능이 제시하는 상관관계를 인과 관계로 오해하지 않도록 주의해야 한다. 통계적 유의성과 실제적 중요성을 구분해야 한다(구자룡, 2024). 이런 점에서 인공지능은 모든 질문에 그럴듯한 답을 주지만, 그 답에 들어 있는 모든 팩트에 대해서는 신뢰할 만한 자료를 바탕으로 확인이 필요하다. 사전은 바로 확인을 위해 꼭 필요한, '신뢰할 만한 자료'인 것이다.

사전의 담론이 제시하는 사회적 가치

사전은 우리가 일상에서 보기 드문 총체성을 보여 주는 매체다. 이 책에서는 사전마다 갖고 있는 고유한 사상과 논점을 '담론'이라고 표현하고, 사전을 그 담론이 총체성을 띠고 드러낸 '담론의 구성체'라고 설명했다. 예컨대, 남북이 공동으로 편찬을 진행 중인 《겨레말큰사전》이 담보하는 독특한 위상을 인공지능으로 대체할 수 있을까? 이 사전의 바탕에는 반만년의 역사라는 공통점과 함께, 남북으로 분단된 이후 80년 가까이 이어진 한국 현대사의 단절이 깔려 있다. 2005년 남북은 이 사전의 편찬에 합의한 후, "민족의 언어 유산을 집대성하고 남북의 언어 통일을 준비하기 위해 남과 북이 공동으로 편찬하는 최초의 우리말 사전"이라는 지상의 명제를 실현하기 위하여 겨레말을 남한과 북한 공동으로 채집 · 연구하고, 서로 다른 언어 규범에서 나오는 차이를 극복한 공동 편찬 요강을 적용하기로 했다. 여기에는 남북의 뜻풀이 차이와 같은 미시 구조뿐 아니라, 올림말의 선정이나 배열순 같은 거시 구조도 포함되는데, 이는 이 사전의 가치가 남북통일이라는 미래를 견인하는 데에 있음을 보여 주는 동시에 지금-여기에서 이 사전의 물성이 가져야 할 고유의 영역을 잘 드러낸다. 달리 말해 《겨레말큰사전》

은 현실적으로 당대의 언중이 일상적인 언어생활에서 참고할 실용적인 사전이 아니라, 남북통일이라는 담론을 전제로 한 미래의 규범이 적용된 사전임을 의미한다. 이와 같은《겨레말큰사전》의 본질을 인공지능이 대체할 수 있을까?

그러므로 민간 시장에서 사전의 생태계가 붕괴되고 있는 지금, 인간이 갖고 있는 고유의 지식과 지혜의 힘을 유지하기 위해서라도, 사전의 위상은 공공재(公共財)의 영역으로 이전될 필요가 있다. 공공재라는 개념 자체가 국가나 지방 자치 단체 단위의 집단적 담론을 전제로 한다는 점에서, 개별 사전이 추구하는 다양한 담론의 가능성을 공공재의 영역에서 확보할 수 있을까 하는 의문이 없지 않다. 그러나 '지원하되 간섭하지 않는다'라는 문화 정책의 기본 정신에 충실할 수만 있다면, 그나마 이 방법만이 인공지능 시대에 사전의 사회적 효용과 가치를 유지하는 최선의 방책일 것이다.

그럼에도, 우리가 사전이 제공하는 이런 모든 가치를 거부할 수도 있다. 가치란 상대적이므로, 인공지능이 주는 일상의 편의성을 더 중요한 가치로 여길 수도 있기 때문이다. 유발 하라리(Yuval Noah Harari)는 이런 미래를 가능하게 하는 기술 만능의 시대가 기술 인본주의와 데이터교로 나타날 것이라고 말하면서, 인간의 지식과 지혜를 믿지 않고 빅데이터와 알고리즘을 더 신뢰하게 될 미래의 위험을 경고했다(Harari, 2018). 심지어 '인공지능의 대부'라고 불리며 2024년 노벨 물리학상을 수상한 제프리 힌턴(Geoffrey Everest Hinton)마저도 2024년 말, 인공지능이 향후 30년 안에 인간 멸종의 원인이 될 확률이 10~20%에 이를 것이라는 비관적인 예언을 발표했다. 편의성을 이유로 진짜 대신 가짜를 선택한 결과일 것이다. 인간을 인간답게 만들어 온 지식과 지혜의 힘을 스스로 포기할 경우, 충분히 가능한 일이다. 이에 이르면, '인공지능 시대와 사전의 관계'는 사실 그렇게 중요하지 않을 수도 있다!

참고문헌

구자룡(2024). 《AI 데이터 분석》. 커뮤니케이션북스.

도원영 외(2020). "국내 출간 사전의 동향 분석: 연도별 주제별 통계 분석을 중심으로". 《한민족문화연구》, 70.

백욱인(2013). 《정보자본주의》. 커뮤니케이션북스.

Burke, P.(2000). *A Social History of Knowledge: From Gutenberg to Diderot*. Polity. 박광식 옮김(2017). 《지식의 사회사》. 민음사.

Crawford, K.(2021). *Atlas of AI: Power, Politics, and the Planetary Costs of Artificial Intelligence*. Yale University

Press. 노승연 옮김(2022). 《AI 지도책: 세계의 부와 권력을 재편하는 인공지능의 실체》. 소소의책.

Harari, Y. N.(2018). *21 Lessons for the 21st Century*. Jonathan Cape. 전병근 옮김(2018). 《21세기를 위한 21가지 제언》. 김영사.

장경식

한국백과사전연구소 대표다. 대학원 석박사 과정을 통해 사전학, 한국 현대 소설과 현대 문화를 연구했으며, 한국브리태니커사에서 한국어판 《브리태니커 세계대백과사전》 편찬에 참여한 후 편집장, 편집 개발 담당 상무를 거쳐 대표를 지냈다(1992~2015). 1995년 중앙일보 신춘문예에 소설 〈거미여행〉이 당선되어 등단했고, 경기대학교 국어국문학과 겸임 교수를 지냈으며(2003~2015), 한국사전학회의 창립 회원으로 출판 이사 등을 거쳐 부회장으로 활동하고 있다(2002~). 디지털 시대의 사전과 지식에 대한 관심이 많아 관련 학회 활동에 지속적으로 참여하고 있다. 저서 《브리태니커 백과사전》(2013), 《세계의 백과사전》(2016, 공저), 《디지털 시대의 사전》(2019, 공저), 《디지털 인문학과 사전》(2022, 공저) 등을 펴냈으며, "한국 현대 백과사전의 담론적 성격에 대한 시론"(2021) 등 여러 논문을 썼다.